行业划转院校发展战略类特色研究

周志强　亓　晶◎著

Study on Category Characteristics of the Transferred
Industrial Universities' Development Strategy

科学出版社

北 京

内 容 简 介

行业划转院校是中国高等教育史上一个特定历史时期的现实存在，在划转后的一个过渡转型期，这一类学校出现了"多学科化、大规模化、地方化、市场化"的发展趋势，衍生出行业特色式微、同质化倾向明显、发展战略波动、市场反应迟滞、内部治理乏力等新的矛盾和问题。

本书选取了"纵、横、变"三维分析框架，从时间、关系、战略三个维度来研究行业划转院校发展战略的类特色，以煤炭行业划转院校为例进行了实证分析，提出了行业划转院校创建类特色的路径和建议。

本书既可以作为高等教育学科、专业教师的教学参考书，又可以作为教育行政人员、院校研究人员、行业院校各级管理人员的参考读物。

图书在版编目（CIP）数据

行业划转院校发展战略类特色研究 / 周志强，亓晶著 . —北京：科学出版社，2019.5

ISBN 978-7-03-060087-5

Ⅰ.①行… Ⅱ.①周…②亓… Ⅲ.①高等教育–管理体制–教育改革–研究–中国 Ⅳ.①G649.21

中国版本图书馆CIP数据核字（2018）第290945号

责任编辑：崔文燕 高丽丽 / 责任校对：王晓茜
责任印制：徐晓晨 / 封面设计：润一文化

编辑部电话：010-64033934

E-mail: edu_psy@mail.sciencep.com

科学出版社 出版

北京东黄城根北街16号
邮政编码：100717
http://www.sciencep.com

北京盛通商印快线网络科技有限公司 印刷
科学出版社发行 各地新华书店经销

＊

2019年5月第 一 版 开本：720×1000 B5
2019年5月第一次印刷 印张：10 3/4
字数：210 000

定价：79.00元

（如有印装质量问题，我社负责调换）

序

  我从普通高等学校本科教学工作水平评估开始关注大学的办学特色问题。2005年我在《高等教育研究》上发文，对办学特色的内涵进行了阐释，认为办学特色是指一所大学在其发展历程中形成的比较持久稳定的发展方式和社会公认的、独特的、优良的办学特征。在进一步研究的基础上，2012年我再次在《高等教育研究》上发文，对如何创建办学特色进行了分析，对确立创建办学特色的方向、目标和路径问题进行了探讨，并提出了大学办学特色的创建要以类特色为前提。每一类大学都与其他类型大学不同，有其自身的特色，即为该类大学的类特色。类特色指同类大学因其办学性质相近而共同具有的比较持久稳定的发展方式和独特的办学特征。

  我虽然对类特色问题进行了一些理论上的探索和阐释，也考察过十多所农业院校，但未就某一类型院校进行深入的实证研究。周志强博士2012年底进入华中科技大学高等教育学博士后流动站学习、研究，因为他所在的学校是一所典型的地方行业划转院校，作为他的合作导师，我和他共同商定把研究的选题确定为地方行业划转院校发展战略的类特色问题研究。这个研究恰好帮助我在这方面进行了有效的尝试。几年来，他围绕这个选题进行了广泛深入的调查、扎实有效的研究，取得了丰硕的研究成果，完成了博士后研究工作。这项研究还先后获得了中国博士后科学基金和国家社会科学基金的资助。《行业划转院校发展战略类特色研究》就是在他博士后研究报告的基础上，经过修改和完善所形成的。

  这是一项接地气、比较成功的研究。读完全书，给我留下了深刻的印象：一是将行业划转院校发展战略问题提升到类属性甚至类本质的高度，进行了较为深入的理论思考，许多见解有独到之处；二是在研究中选择"时间、关系和战略"三个维度，建立"三个维度、四个层面"的分析框架，从"大学与政府、大学与社会、大学与市场、大学内部治理"四个层面研究行业划转院校的类特色问题，其研究有层分缕析的特征；三是从制度变迁的视角考察行业划转院校的发展历史和战略选择，从行业性和区域性激励相容的视角分析现实中二者的共生关系与实践冲突，其思维方式和分析过程具有独到之处；四是以煤炭行业为例，进行了基于煤炭行业的市场和人才供求关系的调查，揭示了行业人才供求关系的双向动态失衡特征，这些数据和研究方法对行业院校人才培养方案的调整，具有较为重要的现实参考价值；五是就行业划转院校如何创建类特色问题，针对高水平行业特色型大学和地方行业划转院校，分别提出了创建"创业型"类特色和创建"服务型"类特色的建议，值得教育实践者思考和尝试。这五个方面的印象既是此书的特色，也是我把此书推荐给读者的主要原因。

事物的发展过程是一个创造过程。"将来并不存在于现在。"事物是在创造的过程中生成的。对于我国大学来说，提出并重视办学特色仅十多年的时间，很多问题有待探讨，大学类特色更是一个成长中的概念。因此，对于某个类型的大学如何创建办学特色，需要不断回顾、总结、研究、推进。希望作者不断实践，深入研究，为丰富大学特色发展理论与实践，为建设中国特色社会主义教育强国，不断贡献智慧和力量。期望更多的同仁关注、参与大学的类特色研究。

2018 年 3 月 21 日

前　　言

　　行业划转院校是国家高等教育管理体制改革后出现的一类高等院校，指原先隶属中央部委行业部门、后划转地方或教育部管理的高等院校。作为中国高等教育史上一个特定历史时期的现实存在，随着高等教育管理体制的改革，行业院校在正式的管理序列中作为一个院校类型的提法逐渐式微。行业院校、行业划转院校、行业特色型大学等概念更多地出现在行业组织、民间组织的论坛或学术研究成果之中。

　　我开始从事大学教职的1999年，恰好是我国高等教育扩招的元年和行业院校划转的丰年。我所在的学校是一所行业背景深厚的大学，与很多地方行业划转院校一样，在划转后的近20年的时间里，为了适应外部环境的变化，处理与政府、市场、社会的外部关系，在办学定位、学科建设、人才培养、科学研究及社会服务职能等方面的被动调整和适应过程中，经历了更名、划转、扩招、合并、建设新校区、后勤社会化等一系列的发展变化，解决了办学资源匮乏、学科专业结构单一、服务地方乏力等历史性问题，出现了"多学科化、大规模化、地方化、市场化"的趋势和特征，也衍生出了行业特色式微、同质化倾向明显、发展战略波动、市场反应迟滞、内部治理乏力等新的矛盾和问题。

　　在我国经济社会进入新时代的背景下，历史方位和社会主要矛盾发生了重大变化，高等教育资源配置方式和供求关系发生了质的变化，供给侧结构性改革不断深入，"双一流"建设全面启动，为行业划转院校的转型带来新的机遇。在新一轮制度变迁背景下，行业划转院校如何总结并凝练类特色，主动作为，实现特色发展？如何适应市场化的人才供求机制，建立具有行业划转院校特色的现代大学制度，实现内部治理体系和内部治理能力的现代化？具有共同办学历史基因和相似办学特征的行业划转院校如何创建类特色？

对这些问题的回答，关系到行业划转院校这一类院校的发展趋向，具有重要的研究意义。一是有助于坚定特色办学理念，避免高校同质化发展。经过划转后十几年的实践性调适，对于行业院校特色办学的核心办学理念虽然已经达成共识，但在一定边界条件下，还有摇摆和动摇的可能。办学规模和层次求大求全在一个时期内成为一些高校的战略追求，衍生出了高等教育同质化发展问题。基于此，《国家中长期教育改革和发展规划纲要（2010—2020 年）》把提高质量作为高等教育发展的核心任务，把建成一批国际知名、有特色、高水平的高等学校作为发展目标。行业划转院校因为长期立足于某一行业，长期为一个行业服务，具有明显区别于其他大学的办学结构和办学风格，在成为有特色、高水平的大学方面具有良好的基础和优势。研究行业划转院校发展类特色问题，理性梳理这类院校发展的共性问题和特征，对于这类高校避免同质化发展，确立特色化发展战略，具有重要意义。二是有助于减少信息不对称，推动教育领域供给侧结构性改革的深入。现有行业划转院校的行政隶属关系和资源配置方式很容易造成院校与行业和产业的疏离，造成人才供求、科技研发的信息不对称。对行业划转院校的类特色进行研究，有利于在政、产、学、研、用之间找到协同发展战略的结合点。研究行业院校划转后制定发展战略的价值取向，描述划转后十几年来的行业人才供求关系特征，探索院校与行业产业之间同频共振的规律，对于减少甚至消除高校与行业产业之间的信息不对称，推进教育领域供给侧改革，具有重要意义。三是有助于提高行业划转院校的内部治理能力，实现内部治理体系和治理能力的现代化。行业划转院校尤其是地方行业划转院校，行业特色和区域特征在发展重心上会时有矛盾，其融合和兼顾需要进行科学的研究论证，需要建立起现代大学制度和内部治理体系。此外，行业划转院校在十几年的扩张办学过程中出现了一系列的内部治理问题，如多校区布局办学问题、社会服务方向离散问题、大学精神传承问题等。而要解决这些问题，就需要从个体上升到整体，从个性中提炼出共性，对行业划转院校在办学理念、人才培养模式、大学建设与行业文化等多方面的类特征进行研究和梳理，用类特色发展概念引领行业划转院校的发展。因此，站在新的改革发展节点上，找准行业划转院校深层次的共性发展问题，探寻内部发展规律，探索类特色发展路径，是特别值得关注和研究的问题。

我关注行业划转院校发展战略特色问题源于现实工作中的种种困惑，真正研究这个问题始于到华中科技大学教育科学研究院从事博士后研究工作，在导师刘献君教授的点拨和指导下，我把行业划转院校的特色发展战略问题上升到类特色的高度。刘献君老师最早在高等教育领域提出类特色的概念，认为类特色指同类大学因其办学性质相近而共同具有的比较持久稳定的发展方式和独特的办学特征。我就是从类特色这个最基本的概念出发，开始了行业划转院校类特色的学习探索之路。从类特色概念强调的研究对象的同类性、发展方式的持久稳定性和办学特征的独特性出发，来判断行业划转院校引入类特色的适切性。行业划转院校共同的历史基因，即共同经历了外部管理体制的变革，变革后呈现出了具有共性的发展趋向，发展方式具有持久稳定性，与原综合性院校和地方院校相比，在办学特征上具有独特性，所以适合引入类特色的概念研究行业划转院校的发展战略问题。

在分析框架和研究内容上，本书选取了"纵、横、变"三维分析框架，试图从时间、关系和战略三个维度对行业划转院校的类特色进行研究。本书第一章对相关概念进行了界定，并对行业划转院校引入类特色的适切性和行业划转院校研究的多维分析框架进行了分析；第二章和第三章主要是从时间维度，从制度变迁和战略选择的角度进行了理性思辨，重点关注了管理体制改革进程中的制度变迁过程，以及行业划转院校行业性与区域性两个主要战略取向的相斥相容问题；第四至第六章是从关系维度，以煤炭行业划转院校为例进行的实证研究，重点关注了行业人才供求关系动态变化过程、行业人才素质结构和多校区办学内部治理等问题；第七至第十章是从战略维度，围绕如何创建类特色，提出了高水平行业特色性大学创建创业型类特色，地方行业划转院校创建服务型类特色，同行业院校构建战略合作联盟，以及构建和创新校企联盟合作机制等方面的路径和建议。

本书并未刻意追求内容和结构上的逻辑严密，而是从问题中来，到现实中去，希望能为关注行业划转院校发展的领导者、研究者和实践者提供启发和借鉴。本书是在我的博士后出站报告基础上完善形成的，在报告撰写和本书的修改和完善过程中，辽宁工程技术大学博士研究生亓晶同学做了大量的工作，博士研究生于海军老师、解书华老师也付出了辛勤劳动。同时，本书的出版得到了国家社会科学基金和中国博士后科学基金的资助，得到了科学出版社乔宇尚、崔文燕、高丽丽老师的帮助和支持。书中有很多不完善和不尽如人意之处，限于研究水平和能力所及，观点偏颇甚至疏漏在所难免，恳请各位读者批评指正。

感谢刘献君老师能亲自为本书作序，感谢华中科技大学教育科学研究院的各位老师，感谢辽宁工程技术大学的各位领导和同事，感谢我的母亲、妻子、女儿和各位家人。最后，特别把本书献给我无比尊敬和怀念的父亲。

周志强

2018 年 5 月 1 日

目　　录

第一章

行业划转院校类特色及其多维分析框架

第一节　相关核心概念界定

一、类的概念

"类"是逻辑科学中的一个最基本的、具有决定意义的范畴，类特色中的"类"本义为种类、事类，是指相似或相同事物的综合。概念不是先验的东西，而是历史上形成的东西，概念也不是一成不变的东西，而是运动和发展着的东西。追本溯源，类概念发展到种类、事类的含义就是历史形成和运动发展的结果，也是在经历了社会实践进程中的多次内容转换，才逐步以逻辑思维的规定性的形式在人们的意识中固定下来（吴建国，1980）。

在西方哲学思想史上，"类"概念起源于黑格尔的生命辩证法思想，是费尔巴哈哲学中的重要术语与核心概念，费尔巴哈用"类"概念来表征人的本质，提出了"类意识""类本质""类存在""类生活"等哲学术语。马克思则在《1844年经济学哲学手稿》中对费尔巴哈的类思想进行了最充分的利用、吸收和改造，丰富并超越了费尔巴哈"类"概念的内涵（张维久，等，1997）。马克思直接把类存在物规定为社会存在物，由类本质规定为社会本质，认为人是在实践活动中表现、创造和完善自己的本质的。

吴建国先生梳理了中国历史文献中"类"概念的产生、转换和演进过程，认为"类"概念经历了"祭名""善""族类""物类、事类""肖、似"等意义转换和发展过程，这一发展演进过程符合人类对客观事物认识的过程和规律，是一个由个别性到特殊性再到普遍性的过程（吴建国，1980）。《国语·周语下》曰："象物天地，比类百则，仪之于民，而度之于群生。"《国语·郑语》曰："夏禹能单平水土，以品处庶类者也。"两处中的"类"都指事类、物类之意。事实表明，类种关系是事物普遍联系的一种形式，任何事物都不可避免地处于一定的类种关系的序列中。

二、特色与类特色

根据《现代汉语词典》的注解，特色是指独特的风格、色彩或特点。在大学特色、办学特色这一语境下，如何理解"特色"这一概念的内涵，国内学者做了非常有益的探索。刘献君认为，特色是一个事物显著区别于其他事物的风格、形式，是事物特殊的质量和品质，是事物的内在价值而不是功能价值，是一个事物存在的依据和标志（刘献君，2005）。从办学的角度看，特色就是办学水平。肖海涛、向春认为，特色是指与众不同、别开生面的个性和风貌，是在多重选择基础上形成的自身优势和社会声誉，特色应该涵盖本质特色、时代特色、地方特色和校本特色等方面的内容（肖海涛，等，2007）。葛继平等（2011）认为，特色就是优势，特色就是竞争力，特色就是生命力，特色既是高校的生存战略，更是高校发展至高的价值理性的体现。吴中平（2009）认为，理解办学特色，应该把握住独特性与优胜性、稳定性与发展性、局部性与整体性、外溢性与公认性四个范畴的特征。

刘献君于2012年最早提出"类特色"的概念，类特色指同类大学因其办学性质相近而共同具有的比较持久稳定的发展方式和独特的办学特征（刘献君，2012a，2012b）。类特色既是大学这个整体普遍性中的特殊性，同时又是类别相近的大学个体间特殊性中共有的普遍性。类特色的概念有三个主要的内涵特征，即强调研究对象的同类性、发展方式的持久稳定性和办学特征的独特性。对于大学类特色的研究，刘献君（2012a，2012b）以高职院校为例，认为探讨高职院校的类特色可以从高职院校的功能入手，以高职院校的结构要素来体现。

三、战略

"战略"一词起源于军事领域。从发展历史看，英语中的"strategy"可以追溯到古希腊语"strategos"，是"军队"和"率领"两个词意的结合，意指军事指挥官，后来被解释为"将军指挥军队的艺术"（赵春明，2003）。而在中国古代，"战"与"略"分开使用，对于"战"字，《说文解字》中称："战，斗也。"《小尔雅·广言》中称"战，交也。"（许慎，1994）《文韵》中称："略，谋略"，"略，一曰智也"。两者合在一起意指有关战争的谋略（王鹏，2012）。

随着社会的发展，"战略"一词逐渐被应用于政治、经济、社会发展、教育等领域，并根据语境的不同，被赋予不同的内涵，但都延续了"战略"一词的本意，并延伸出"竞争""规划"等含义。例如，波特从企业管理角度对战略与特色之间的关系提出自己的看法，他认为战略的本质是选择，选择的目的在于构造特色，而特色本身就是竞争优势（Porter，1996）。美国著名战略规划专家乔治·凯勒在《大学战略与规划：美国高等教育管理革命》一书中提出，战略不仅意味着在某些目标上达成了共识，而且意味着制订一个通过有效地利用资源击败对手或实现某种目的的计划（乔治·凯勒，2005）。Messah 和 Mucai 则认为战略是公立大学和学院在激励竞争环境中获取竞争优势的一种工具（Messah，et al.，2011）。刘献君则相对弱化了"战略"一词的"竞争性"，而更强调"规划性和全局性"，他认为战略是一个组织的总体目标，它涉及一个时期内带动全局发展的方针、政策与任务，是关于一个与环境相联系的未来行动的总体设想，指明了组织未来行动的目标、方向及主要行动步骤（刘献君，2008）。

Chaffee（1985）认为由于战略的多维量和权变性，关于"战略"，目前学界尚未形成统一的定义，但达成了一定的共识，即战略关注组织与环境之间的关系，以及由此带来的战略的灵活性。本书认为大学战略是大学对与其相关的环境变化的逻辑反应，是大学通过调整与外部环境关系及内部组织关系来适应环境变化所做出的规划与决策。

四、行业划转院校

丹尼尔·若雷和赫伯特·谢尔曼所著《从战略到变革——高校战略规划实施》

一书中提到"专门高校"的概念："专门高校利用某一专门学科或一系列相关学科建立起有市场需求支撑的中心。这些中心通常有高水平的研究活动。"（丹尼尔·若雷，等，2006）这一界定与行业院校的概念相近。但关于行业院校，国外目前尚未有明确的提法，多数学者也将具有相似产生背景或工业背景、在大学建设和发展模式上具有鲜明行业特色的欧美国家高校称为行业院校，如法国的大学校、德国的应用技术大学、美国的赠地学院、英国的城市学院等。

相对来说，行业划转院校是我国特定时期和特定国情下的产物，其名称界定尚未统一，目前有"行业院校""行业特色型大学""行业划转院校"等多种提法。别敦荣（2011）认为行业划转院校是国家高等教育管理体制改革后出现的一类高等院校，指原先隶属中央部委行业部门、后划转地方或教育部管理的高等院校。孙进（2011）则强化了该类院校的行业特色，认为行业特色型高校是指那些在高等教育管理体制改革以前隶属于国务院某个部门、具有显著行业办学特色与突出学科群优势的高等院校（孙进，2011）。相对于"行业院校""行业特色型大学"等提法，行业划转院校的提法更能表述这一类学校的历史属性和现实特征，所以本书采用"行业划转院校"的表述。

第二节　行业划转院校引入类特色的适切性

要对事物进行分类，就要把握事物之间在某一方面的共同点。根据"类特色"的概念，判断行业划转院校研究是否适合引入"类特色"的概念，应该主要看行业划转院校是否符合"类特色"概念内涵的三个特征，即研究对象的同类性、发展方式的持久稳定性和办学特征的独特性（刘献君，2012a）。

一、行业划转院校的同类性

英国学者阿什比（1983）将大学比作一个有机体，认为"任何类型的大学都是遗传与环境的产物"。判定行业划转院校的同类性问题，遗传和环境是最为重要的两个因素，对于遗传应从历史基因入手，对于环境则应侧重于行业划转院校发展进程中的外部重大变革。

（一）遗传因素：行业划转院校共同的历史基因

从对行业划转院校的界定来看，同类行业院校产生的背景都相同或相近，划转前都隶属于同一行业部门。以煤炭行业院校为例，中国近代煤炭工业和近代地质、矿业高等教育是中国煤炭高等教育创建的基础。中国的矿冶高等教育发端于19世纪后半叶，1861年创办的京师同文馆是中国最早设立的新式学堂，地质采矿学为该学堂第六学年的学习课目。中国第一所真正意义上的大学是北洋大学，建设初期的北洋大学头等学堂分设法律、土木工程和采矿冶金3个学门，成为我国近代地矿学科最早的发端（《中国煤炭高等教育史》编写组，2001）。1909年，英国福公司根据河南矿务章程创办焦作路矿学堂，成为我国建立最早的近代矿业高等学府，开创了中国煤炭高等教育的先河。焦作路矿学堂历经焦作工学院、中国矿业学院、北京矿业学院、四川矿业学院等几次变迁，发展成为今天的中国矿业大学（邹放鸣，等，2009）。

而我国煤炭行业划转院校群的形成则始于20世纪50年代末期。在计划经济体制下，为适应国民经济对各行业高级专业人才的需求和科技发展的需要，由原中央或地方行业部门主办并提供资金支持，建立了一批重点面向各主管行业培养人才、提供技术服务的高等院校。1958年后，经过3年的全面调整，煤炭高等学校的格局基本确立，6所工科"矿院"分布于全国五大地区（即华北、华东、东北、西北、华中），这6所学校分别为北京矿业学院（中国矿业大学前身）、阜新煤矿学院（辽宁工程技术大学前身）、山西矿业学院（与太原工业大学合并为太原理工大学）、西安矿业学院（西安科技大学前身）、焦作矿业学院（河南理工大学前身）（《河南理工大学史》编委会，2009）、山东煤矿学院（山东科技大学前身）（阎昭武，2006）。1971年，淮南煤炭学院（安徽理工大学前身）成立，1978年煤炭行业又先后增设湘潭煤炭学院（湖南科技大学前身）、河北煤矿学院（河北工程大学前身）和鸡西矿业学院（黑龙江科技学院前身）3所工科"矿院"。这10所工科"矿院"均是在计划经济背景下，依托当时的煤炭主产区设立的，具有共同的历史基因。

（二）环境因素：教育管理体制的重大变革

1993 年，中共中央出台的《中共中央关于建立社会主义市场经济体制若干问题的决定》中明确提出"改变条块分割的状况，除特殊行业外，区别不同情况分步过渡到中央和地方两级管理的体制，扩大地方和院校的办学自主权"（中共中央，1993）。据统计，1993—2004 年，中央部委管理的 571 所院校中，有 509 所进行了不同程度的调整，基本结束了行业部门办高等教育的历史（杨晨光，2009）。截至 2000 年底，全国共有 241 所中央部委属高校实现了中央政府和地方政府两级管理、分工负责，在国家政策的指导下以省级政府统筹为主的管理新体制，阶段性地完成了我国高等教育管理体制的改革和结构布局的调整（周远清，2001）。以煤炭行业所属高校为例，随着煤炭工业部的撤销，除中国矿业大学直属教育部、华北科技学院直属国家安全生产监督管理总局管理（现为应急管理部）外，直接承担煤炭科技人才培养任务的原煤炭高校不再实行行业管理，改由地方教育行政部门管理。

二、行业划转院校发展方式的稳定性

在长期的计划经济办学体制下，行业院校为单一行业服务、办相对单一而精深的学科专业，系统内单一评价等类特色是非常明显的。而隶属关系和管理模式发生变革后，由于历史上多年计划经济模式办学的惯性，在学科建设及服务面向等方面体现出的行业特性，使得同类行业划转院校在发展方式上始终保持着相对稳定性。为了适应国家和地方经济社会发展需要，行业院校立足于增强市场竞争力，对发展方式调整进行了深入的探索，呈现出了一些同质化的价值取向。别敦荣（2011）认为，行业院校在划转后的前十年进行了具有共性的重大改革，学科专业结构和办学功能发生了根本性变化，总体表现出"多学科化、大规模化、地方化、市场化"的特点。其中，多科性、综合性是这些学校共同的学科建设发展取向，规模扩张战略使行业划转院校成为高等教育扩招的主力，融入区域经济和地方发展是行业划转院校争取资源的一致选择，开放办学、融入市场是行业划转院校达成共识的战略。

随着高等教育改革进入深水区，"双一流"建设、高校分类管理、大学治理体系现代化等一系列政策叠加辐射，加上过渡转型期的十年改革，行业划转院校衍生出了一些新的问题和矛盾。具备相同办学历史、相近学科结构、相似外部环境的行业划转院校如何协同协作，进一步转变发展方式，共同探索和形成新的类特色，成为这一类高校发展方式转变的共性问题。

三、行业划转院校办学特征的独特性

与部属院校、地方所属院校相比，行业划转院校具有一些独特的办学特征，最为明显的是高校与原有行业的疏离，以及失去原有行业支持带来的社会资本稀缺。根据伯顿·克拉克经典的"三角协调模式"理论，政府、市场和大学构成了一个三角形，而高等教育的运行机制就是围绕政府、市场和大学三个基本要素的关系与作用展开的。在这个结构三角形中，大学与其他主体关系的强度，是大学获取社会资本的一个重要影响因素。大学与其他社会主体的关系越强，就越有可能获取更多优质的社会资源；反之，关系越弱，大学的发展就越难以获得所需的、嵌入在一定社会关系网络中的各种资本（高树仁，2015）。在划转之前，行业院校与行业主管部门的政府和行业企业是浑然一体的，获取社会资本的方式不仅是计划性的，同时还具有排他性，其他非行业院校很难获得行业内部的社会资本。结构决定功能，划转之后的行业院校失去了与行业之间的排他性关联，获取行业内社会资本的能力相对被弱化，新的协调共享机制尚未建立起来，由此造成了来自行业支持的社会资本稀缺。

此外，行业划转院校还具有在过渡转型期的办学战略波动摇摆，融入区域经济存在磨合期，传统优势学科与新兴学科的互补性弱，以及因数量扩张带来质量困境等现实特征。对于这些特征，本书将在后续研究中以煤炭行业划转院校为例进行深入分析。

第三节 行业划转院校研究的多维分析框架

分析框架是从理论出发，针对要研究的问题所提出的研究思路、工具，它是理论与问题之间的桥梁。建立分析框架需要将一个大问题分解为几个具体问题，由对这几个具体问题的尝试性回答构成分析框架。刘献君教授提出中国特色高等教育思想体系研究要运用一种互动式思维，即网络思维。他认为教育研究的对象十分复杂，因此可以按照"纵、横、变"三个维度来考察。其中，"纵"是要进行历史考察，寻求历史与逻辑的统一；"横"是进行现状分析，寻求理性与经验的统一；"变"则是要寻求事物发展变化的规律（刘献君，2010）。本书借鉴其理论分析框架，试图从多维视角对行业划转院校进行多层次、立体化的研究，以克服单一维度研究造成的片面性、局限性和断裂性，保持类特色研究的延展性、传承性和系统性。另外，借鉴"纵、横、变"的分析框架，本书选取了时间、关系和战略三个维度，来对行业划转院校的类特色进行研究，即时间是从"纵"的维度上研究行业划转院校的发展变迁，关系是从"横"的维度上研究行业划转院校与政府、市场、社会等利益相关者之间的相互作用关系，战略则是从"变"的维度上研究行业划转院校对环境变化的逻辑反应，即战略抉择。三个维度形成的分析框架及相互作用关系如图 1-1 所示。由此可以从三个维度出发对行业划转院校研究的内容构成进行具体阐释。

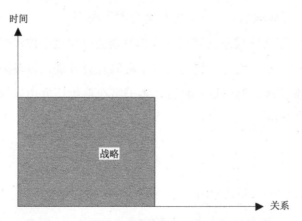

图 1-1　行业划转院校类特色研究的多维分析框架

一、时间维度

列宁曾指出为了科学地解决社会科学问题，"最可靠、最必需、最重要的是不要忘记基本的历史联系，考察每个问题都要看某种现象在历史上怎样产生，在发展中经过了哪些主要阶段，并根据它的这种发展去考察这一事物现在是怎样的"（列宁，1972）。因此，可以从纵向的角度切入，来探究随着社会经济的发展，行业划转院校的发展历程尤其是在与市场的供求关系上，在特色化或综合化、研究型或应用型、服务行业或区域等方面的发展定位和服务面向上，是否呈现出典型的周期性特征。例如，随着煤炭行业市场容量的变化，在相应的行业形势"拐点"附近，我国煤炭行业划转院校在煤炭行业工程技术人才供给方面是否出现了明显的波动。而将行业划转院校放入整个高等教育发展历程中，尤其是某个时间节点上，例如，在院校管理体制改革的制度变迁过程中，来考察行业划转院校作为高等教育的一部分由此做出的或被动适应或主动迎合或自主发展的行为选择。因此，从时间维度上而言，可以有效把握行业划转院校特定时期和特定背景下的发展动向及其内在逻辑，以及在整个高等教育改革变迁中行业划转院校的位置和作用。

二、关系维度

关系是人或事物之间相互作用、相互影响的一种状态，认识就是寻求联系的一种方式（刘献君，2015）。黑格尔（1980）认为本质在关系中呈现，规律是本质的关系。列宁（1957）在《哲学笔记》中也指出："规律就是关系……本质的关系或本质之间的关系。"刘献君教授认为高等教育可被视为各种关系的集合体，并以关系的形式存在。而一定关系认识的形成、变迁以至于消亡，是内外部因素共同作用的结果，在一定的诱因下，关系之间的"力量场"相互作用、冲突、对抗，到一定"节点"上走向融合或转化。探讨高等教育发展中的重大关系，从根本上来说是解决关于高等教育系统变化与发展方式选择的问题（刘献君，2015）。随着高校与政府、市场及社会之间关系的变化，高校的人才培养、科学研究及社会服务的职能也在不断变迁。南京大学龚放教授认为，左右大学发展的力量除了外部社会需求的压力和推力外，还有大学的理性追求与内在发展逻辑（龚放，2008）。因此，可以从内外部关系的视角，来解析行业划转院校的发展定位和模式选择问题：从外部关系的视角研究行业划转院校在其独特的行业基因遗传与划转后的服务环境相适应的过程中，与政府、行业及区域、市场等利益相关主体间的博弈互动关系；从内部关系视角探究行业划转院校内部要素的互动及内部治理过程。

三、战略维度

波特认为从本质上来说战略就是选择（Porter，1996）。奎因则提出战略是对环境变化的逻辑反应。一个组织通过审视环境和不断尝试新战略，来促进组织不断地学习与调整，以确保和环境变化相适应（Quinn，1981）。战略关注组织与环境之间的关系，以及由此带来的战略的灵活性（Chaffee，1985）。从这一层面看时间、关系和战略三个维度之间的关系，可以发现战略即为在某个特定时期内，组织在处理内外部环境关系时所做出的行为选择，而选择的目的在于构造特色。因此，行业划转院校的类特色研究，可以以战略为基准，以内外部关系为切入点，以制度主义、激励相容、蛛网困境等理论为支撑，以制度分析法、象限分析法、定量研究等为主要的研究方法，分别从院校管理体制进程中的制度变迁、行业划转院校行业性与区域性办学特征的激励相容、煤炭行业人才供求关系的动态特征及行业划转院校多校区办学的内部治理四个方面来进行。

第二章

行业院校管理制度变迁进程与逻辑分析

　　20 世纪 70 年代，科斯、威廉姆森、诺斯、马奇、奥尔森等重新发现了制度对解释现实问题的重要性，形成了新制度主义的制度分析范式。新制度经济学派的核心思想是"制度是重要的"，即制度会影响效率。一种制度会对应一种效率水平，另一种制度会对应另一种效率水平。一种制度优于另一种制度，是因为它对应一种较高的效率水平。朗慈从 6 个分析维度来描述新旧制度主义的发展：从关注组织到关注规则；从只关注正式制度，到同时关注非正式制度；从静态地看制度，到关注制度的动态性；从不关注价值，到持价值—批判的立场；从关注整个制度系统，到关注制度的内在成分；从认为制度是独立于环境的，到认为制度是嵌入在特定背景当中的（Marsh，et al.，1995）。20 世纪 90 年代以来，新制度主义成为社会科学领域重要的分析范式，制度主义相关理论开始被应用到教育领域，用以解释教育制度改革现象及制度改革中出现的问题。新制度主义认为，在一定意义上说，一部教育史就是一部教育制度的变迁史，教育发展与进步背后的核心机制是教育制度变迁。对于教育的发展与进步，也可以利用这样的理论来解释和说明，人类社会不断地用较高效率水平的教育制度来替代较低效率水平的教育制度，这就是教育制度变迁（田正平，等，2002）。制度变迁是一个描述制度变化的概念，指制度的替代、转换与交易过程，制度的核心在于规则和博弈，所以制度变迁是在利益相关方的博弈下规则的替代、转换与交易的过程。

　　行业院校作为中国教育史上一个特定历史时期的现实存在，以 1998 年左右的管理体制改革、隶属关系调整为标志，20 多年的发展历程始终受高等教育制度变迁过程的牵引，在划转前、划转中、划转后的过渡期和划转后中长期等不同的历史时段，其自身属性和发展战略的取向有着鲜明的差别。本章从新制度主义视角出发，梳理行业院校管理制度的变迁过程，进而探究行业院校战略选择行为的制度根源和制度逻辑。

第一节　高等教育制度变迁过程 与行业院校战略选择

一、管理体制改革变动期

高等教育管理体制是以政府主管部门与高等学校的关系为核心，是关于高等教育事业的机构设置、隶属关系和职责、权益划分的体系和制度。从制度安排的视角看，院校管理体制尤其是隶属关系的改革有一个渐进过程，从 1985 年开始提出教育管理体制改革，到 1995 年发布《关于深化高等教育体制改革的若干意见》，到国务院院校管理体制改革正式启动实施，再到 2000 年"两级管理、以省为主"的体制的基本形成，在此期间有多个国家层面的指导性文件出台，这些文件为分析 20 世纪末至 21 世纪初的教育管理体制改革提供了充分的制度文本。

新制度主义认为制度的构建实际上包含两个动态的过程：一个是旧制度的去制度化过程；另一个是新制度的建立与维系过程，前者为后者提供必要的制度环境（罗燕，2003）。用制度分析的方法对 20 世纪末至 21 世纪初的教育管理体制改革进行考察，可以发现这一轮改革的制度变迁过程。

（一）改革中的旧制度的去制度化过程

从制度文本的两个阶段来看，旧制度的去制度化过程主要是以办学自主权为突破口，以办学经费多样化筹集为目的的制度变迁。中华人民共和国成立后，经过 20 世纪 50 年代的院系调整，中国高等教育形成了高度集中的办学体制，这种体制在高度计划经济体制时期发挥了重要的推动作用。但是随着改革开放局面的形成，原有管理体制中低效率的一面开始显现，巨大的财政补贴和沉重的财政压力是改革前中国高校这种低效率的直接反映。1984 年，党的十二届三中全会做出关于经济体制改革的决定，直接带动了科技体制与教育体制的改革，这一过程持续到 20 世纪 90 年代中期，1993 年发布的《中国教育改革和发展纲要》依然延续着这一改革的主题："解决政府与高等学校、中央与地方、国家教委与中央各业务部门之间的关系，逐步建立政府宏观管理、学校面向社会自主办学的体制"，"使高等学校真正成为面向社会自主办学的法人实体"（中共中央，等，1993）。我国用了 10 年左右的时间走完了旧制度的去制度化过程。

（二）改革中的新制度的建立与维系过程

新制度的确立以调整高校结构布局，建立条块结合的管理体制为主题。19 世纪末 20 世纪初的院校管理体制改革的制度安排在 20 世纪 90 年代得到明确并加以实施。1993 年 11 月，党的十四届三中全会通过的《中共中央关于建立社会主义市场经济体制若干问题的决定》，提出了"高等教育要改革办学体制，改变条块分割的状况，除特殊行业外，区别不同情况分步过渡到中央和地方两级管理的体制，扩大地方和院校的办学自主权"（中共中央，1993）。1998 年 1 月，在江苏扬州召开的全国高等教育管理体制改革经验交流会上，副总理李岚清提出"共建、调整、合作、合并"的八字方针。此次会议确定了行业院校管理体制改革的目标和思路，即"中央和省级人民政府两级管理、分工负责，以省级人民政府统筹为主，条块有机结合的新体制"（吴建利，2005）。1998 年 7 月，国务院颁布《关于调整撤并部门所属学校管理体制的决定》，行业院校的划转工作正式启动。教育部网站（《普通高等学校发展改革》）数据显示，到 2000 年，全国有 387 所普通高校、169 所成人高校，经合并调整为 212 所普通高校、20 所成人高校。

新制度的维系以提高高等教育质量、着眼建立现代大学制度为根本目的。在管理体制调整的同时或以后，国家和教育主管部门制定颁布了《面向 21 世纪教育振兴行动计划》《中共中央国务院关于深化教育改革全面推进素质教育的决定》《中华人民共和国高等教育法》等法律和制度（表 2-1）。这些制度以高等学校的法人制度和法人治理结构为核心，对学校的管理体制进行整体设计和系统安排，致力于帮助高校建立现代大学制度，是对高等教育管理体制改革的一种维系和对其成果的巩固。

表 2-1　1985—2007 年国家高等教育管理体制改革相关制度

改革过程	文件名	时间	概要	作用
旧制度去制度化过程	《中共中央关于教育体制改革的决定》	1985 年5 月	当前高等教育体制改革的关键，就是改变政府对高等学校统得过多的管理体制。在国家统一的教育方针和计划的指导下，扩大高等学校的办学自主权	拉开我国高等教育管理体制改革序幕的一项重要政策
	《高等教育管理职责暂行规定》	1986 年3 月	规定了国家教育委员会和省级人民政府管理高等学校的主要职责，提出了"扩大高等学校管理权限"的八个主要方面	是对前一个文件的具体化与补充
	《关于加快改革和积极发展普通高等教育的意见》	1992 年12 月	高等教育办学体制的改革是要理顺政府、社会和学校三者之间的关系。逐步实行中央和省（自治区、直辖市）两级管理、两级负责为主的高等教育管理体制	明确了高等教育改革的指导思想、主要任务和思路
	《中国教育改革和发展纲要》	1993 年2 月	厘清政府与高等学校、中央与地方、国家教育委员会与中央各业务部门之间的关系，逐步建立政府宏观管理、学校面向社会自主办学的体制，使高等学校真正成为面向社会自主办学的法人实体	指导 20 世纪90 年代乃至21 世纪初教育的改革与发展
	《国务院关于〈中国教育改革和发展纲要〉的实施意见》	1994 年7 月	加快办学体制改革，进一步改变政府包揽办学的状况，形成政府办学为主与社会各界参与办学相结合的新体制	是对《中国教育改革和发展纲要》改革目标的具体化
新制度建立与维系过程	《关于深化高等教育体制改革的若干意见》	1995 年5 月	逐步把一部分中央部门所属的学校转由省（自治区、直辖市）人民政府管理或由中央部门与地方政府共同建设和共同管理。逐步变条块分割为条块有机结合	明确了教育体制改革的原则
	《中华人民共和国高等教育法》	1998 年8 月	国务院统一领导和管理全国高等教育事业，省级人民政府管理的主要为地方培养人才和国务院授权管理的高等学校	我国高等教育法律规范文本
	《关于调整撤并部门所属学校管理体制的决定》	1998 年7 月	对国务院机构改革中改组或组建为国家经贸委管理的九个国家局，这些部门所属共 211 所学校，其中普通高等学校 93 所、成人高等学校 72 所、中等专业学校和技工学校 46 所的管理体制进行调整	行业院校划转的一次集中实施
	《面向 21 世纪教育振兴行动计划》	1998 年12 月	继续实行"共建、调整、合作、合并"的方针，今后 3~5 年，基本形成中央和省级政府两级管理、分工负责，在国家宏观政策指导下，以省级政府统筹为主的条块有机结合的新体制；高等教育规模有较大扩展，入学率接近 15%	管理体制改革的维系制度，提高教育质量和效率；提出大众化目标
	《中共中央国务院关于深化教育改革全面推进素质教育的决定》	1999 年6 月	进一步简政放权，加大省级人民政府发展和管理本地区教育的权力以及统筹力度，促进教育与当地经济社会发展紧密结合	巩固管理体制改革成果，提高教育质量

续表

改革过程	文件名	时间	概要	作用
新制度建立与维系过程	《关于调整国务院部门（单位）所属学校管理体制和布局结构实施意见的通知》	2000 年 2 月	决定对国务院部门（单位）所属普通高校和成人高校进行调整	管理体制改革的具体实施
院校适应调整过程	《2003—2007 年教育振兴行动计划》	2004 年 2 月	完善中央和省级人民政府两级管理、以省级人民政府管理为主的高等教育管理体制，继续深化学校内部管理体制改革，完善学校法人制度；高校坚持和完善党委领导下的校长负责制；探索建立"现代学校制度"等问题	在完善社会主义市场经济体制过程中，不断推进教育体制改革的施工蓝图
	《国家教育事业发展"十一五"规划纲要》	2007 年 5 月	高等教育要适当控制招生增长幅度，相对稳定招生规模；推进教育管理体制改革，建立和完善现代大学制度	提升人才培养质量，推动学校法人治理结构的完善

二、改革后的调整适应期

高等教育管理体制改革尘埃落定以后，包括行业院校在内的高校开始了对新管理体制的适应与调整。这一时期国家关于高等教育管理体制方面的政策安排趋向于平缓，扩大教育规模，改革就业制度，推动社会化办学，成为这个时期的政策热点。其中，高等教育大众化成为这一时期重要的制度安排。1998 年1 月，教育部（1998）出台的《面向 21 世纪教育振兴行动计划》中，明确提出高等教育大众化的目标，即"到 2010 年，在全面实现'两基'目标的基础上……高等教育规模有较大扩展，入学率接近 15%……"，由此拉开了高等教育大众化的序幕。截至 2002 年秋季，全国各类高等学校在校生人数已达 1600 万人，比1998 年翻了一番多。高等教育毛入学率由 1998 年的 9.8% 提高到 15%，历史性地跨入国际公认的高等教育大众化发展阶段（刘茜，2003）。

在中国市场经济逐步走向深入的大背景下，行业院校在管理体制变革后的过渡调整期，与中国高等教育大众化的进程处在同一时期同步进行。在高等教育规模扩张初期，新建本科院校各种办学资源的承载能力有限，"985 工程"等国家重点建设大学偏重于迎合基础教育和精英教育的现实需求，都不能成为承载规模扩张任务的主要承担者。相对来说，行业院校则拥有较长的办学历史，有相对完整的学科专业结构以及良好的教育教学基础，同时迫切需要通过规模扩招获取办学资源，以改善划转前长期投入不足、办学条件相对落后的现状，从而实现调整发展。而在管理体制改革后，权力的下放也使得地方政府在招生指标、资金供给、资源配置等方面拥有更多的决策权，因此在制度层面上也要求划转院校"扩大为地区服务的专业和招生的比例"。于是，在多方的利益博弈下，行业院校事实性地成为高等教育规模扩张的主体，并不断扩大本省生源的招生比例。在过渡调整与办学规模扩张的多项政策叠加与多重改革并行的背景下，原来专门服务于单一行业的学科体系和行业人才供给市场承载力相对有限，同时受制于地方政府的办学经费、资源的支持力度，促使行业院校不断增设新的学科专业，尤其是以地方需求为导向的学科专业也相继设立。招生人数的增加，学科专业结构的膨胀，也催生了行业院校的多校区建设问题。由此，多科化、综合化、地方化伴随着大众化而来，成为新时期行业院校典型的办学特征。

随着高等教育规模扩张并达到大众化教育规模，国家又把提高教育质量、实施教育质量工程作为政策安排的热点。行业院校在适应新的管理体制过程中，也纷纷把扩大规模和提高质量作为发展战略的主题。也是在这一时期，行业院校出现了行业特色式微、同质化倾向明显、发展战略波动、市场反应迟滞、内部治理乏力等新的矛盾和问题。

三、新一轮的综合改革期

从新制度主义视角梳理高等教育管理体制改革以来国家出台的相关政策文件，可以发现行业院校的过渡调整期止于政府新一轮有关结构调整的制度安排，最具标志性的是新一轮国家中长期教育改革与规划纲要的出台。2010 年 5 月，国务院审议并通过《国家中长期教育改革和发展规划纲要（2010—2020 年）》。《国家中长期教育改革和发展规划纲要（2010—2020 年）》指出："适应国家和区域经济社会发展需要，建立动态调整机制，不断优化高等教育结构。促进高校办出特色。建立高校分类体系，实行分类管理。"（国家中长期教育改革和发展规划纲要工作小组办公室，2010）2013 年 11 月，党的十八届三中全会通过的《中共中央关于全面深化改革若干重大问题的决定》，提出了深化教育领域综合改革的总要求。高等教育领域综合改革的全面启动，标志着上一轮管理体制改革后的调整适应期彻底结束，以教育领域供给侧结构性改革为特征的新一轮改革正式启动。

在全面深化改革的背景下，国家开始通过一系列的政策措施推进我国公立大学法人治理进程，推动大学治理由传统单向度的政府管理分化为教育行政管理、大学自主办学、社会独立评价等多元主体的共治（黄彬，2016），以治理结构的优化和治理能力的提升来实现大学治理体系的现代化。2010年，《国家中长期教育改革和发展规划纲要（2010—2020年）》中提出要"明确各级政府责任，规范学校办学行为，促进管办评分离，形成政事分开、权责明确、统筹协调、规范有序的教育管理体制"，"建设依法办学、自主管理、民主监督、社会参与的现代学校制度"（国家中长期教育改革和发展规划纲要工作小组办公室，2010）。随后发布的《教育部关于全面提高高等教育质量的若干意见》《教育部关于2013年深化教育领域综合改革的意见》《国家教育体制改革领导小组办公室关于进一步落实和扩大高校办学自主权完善高校内部治理结构的意见》等一系列改革政策文本中，都对落实大学办学自主权、完善治理结构、建设现代大学制度进行了明确的制度阐释。而为了贯彻和落实《国家中长期教育改革和发展规划纲要（2010—2020年）》的精神，《高等学校章程制定暂行办法》《学校教职工代表大会规定》等优化高校内部治理结构的政策法规也相继出台（表2-2）。国家在宏观层面上连续性的政策回应，标志着大学治理正步入改革目标逐渐清晰状态下的制度快速供给期（罗志敏，2014）。

表2-2 2010年以来国家高等教育管理体制改革后相关制度

文件名	时间	概要	作用
《国家中长期教育改革和发展规划纲要（2010—2020年）》	2010年3月	明确提出完善中国特色现代大学制度，落实和扩大办学自主权，完善治理结构，加强章程建设，扩大社会合作，并推进专业评价	中国大学治理由内部管理体制改革进入完善中国特色现代大学制度整体的制度设计和推进阶段的纲领性文件
《关于开展国家教育体制改革试点的通知》	2010年10月	明确中国特色现代大学制度建设作为改革试点项目，确定全国27所高校作为试点单位	中国特色现代大学制度建设进入国家主导、政府推动、高校试点加快推进的阶段
《高等学校章程制定暂行办法》	2011年11月	根据《中华人民共和国高等教育法》的规定和原则，结合落实《国家中长期教育改革和发展规划纲要（2010—2020年）》的形式和要求，对高等学校章程应该包含的要素提出较系统的要求	是国家在推动高等教育机制改革、完善大学制度方面的积极探索

续表

文件名	时间	概要	作用
《学校教职工代表大会规定》	2011年12月	对教职工代表大会的职权、代表的选拔、权利、义务，大会的组织规则及工作机构进行了规定	贯彻《国家中长期教育改革和发展规划纲要（2010—2020年）》的精神，落实教代会在大学治理中的权利与责任，发挥其民主管理与监督的作用
《教育部关于2013年深化教育领域综合改革的意见》	2013年1月	落实高校办学自主权，进一步减少和严格规范政府对高等学校的行政审批，减少行政干预。加快大学章程建设，理顺大学、政府和社会的关系；完善高校治理结构	进一步聚焦深化教育领域综合改革突破口，力图在重点领域和关键环节取得重要进展
《中共中央关于全面深化改革若干重大问题的决定》	2013年11月	深化教育领域综合改革。深入推进管办评分离，扩大省级政府教育统筹权和学校办学自主权，完善学校内部治理结构	是推进国家治理体系和治理能力现代化的重要战略部署
《高等学校学术委员会规程》	2014年1月	规定了学术委员会的组织规则、职责权限、运行制度等内容	为促进高等学校规范和加强学术委员会建设，完善内部治理结构，保障学术委员会在教学、科研等学术事务中有效发挥作用
《国家教育体制改革领导小组办公室关于进一步落实和扩大高校办学自主权完善高校内部治理结构的意见》	2014年7月	根据《中华人民共和国高等教育法》7个方面的规定，推进高校办学自主权的落实和扩大。同时强调坚持权责统一，完善高校内部治理结构，坚持放权与监管同步，健全高校用好办学自主权监管体系	为贯彻落实党的十八届三中全会关于扩大学校办学自主权的部署，激发高校办学活力，全面提高高等教育质量
《普通高等学校理事会规程（试行）》	2014年7月	明确理事会作用、组成、职责、权利、运行等内容	健全高等学校内部治理结构，促进和规范高等学校理事会建设，增强高等学校与社会的联系、合作
《关于坚持和完善普通高等学校党委领导下的校长负责制的实施意见》	2014年10月	进一步明确了党委、校长职权、职责范围及议事规则等，明确要求高等学校制定具体的实施细则	对于建设中国特色现代大学制度，有了更加明确的指导意见

在以转型、特色、共治、内涵、效益等为主题的高等教育新格局形成过程中，包含高等教育系统内部各组织的身份认定、各组织间的关系、多重利益与多元价值融合的新的制度逻辑正在重构，鼓励高校在不同层次、不同领域办出特色，争创一流，成为新的制度环境。因此，准确把握特色发展的改革主线，通过再行业化来强化学科的行业特色与学科优势，将成为行业院校在高等教育新格局中的核心竞争力，区域化的适度推进将成为其新的增长点，同类行业院校的战略协同与共建机制也将成为行业院校凝练类特色、实现互动共赢的战略趋向。同时，在多元共治的治理结构优化背景下，相关利益主体的参与，尤其是行业企业的参与，也将促进行业划转院校的现代大学制度建设。

第二节　高等教育管理体制改革的制度变迁特征

一、由强制性变迁向诱致性变迁转变

在制度理论的早期版本中，教育组织的变化几乎被认为是一个不断增加的"同形"（isomorphism）过程，这些教育形式遵循由国家和专业团体所制度化了的规范、价值和技术知识。因此，教育机构被认为是"接受性"而非市场性的组织，被动地遵从更大并且早已制度化的势力，通过遵从制度而不是追求技术效率来确保成功（迈尔，等，2007）。因此，我国高等教育政策的出台，很多不是出于满足制度内生性的需要，而是外部力量的强行外置（林杰，2004）。20世纪末到21世纪初院校隶属关系调整的管理体制改革具有典型的强制性变迁特征，尤其是在管理体制改革时期，改革的核心在于调整政府、社会和学校三者之间的关系，政府控制、市场动力和公共需要这三方的博弈决定了中国高等教育体制改革的走向（赵文彬，2009）。在院校管理体制变革的博弈中，政府控制的色彩要明显强于市场动力和公共需要，是一种典型的强制性变迁，即政府是制度行为的主体，中央与国家行政及立法机关通过下达行政命令或者借助法律手段，有目的、有步骤地实施制度变迁。在这种强制性制度变迁的主导下，在较短的时间内快速实现了大批量高校的管理权限变革。在这一轮国家制度变迁中，行业院校处于被动适应的状态：被动适应政府主导的隶属关系的改变、适应资源分配方式的变化、融入高等教育规模扩张的洪流、适应教学水平与质量评价等。

这种强制性变迁在院校结构调整完毕后开始转向，有意识地向诱致性变迁演进。同时，在改革制度维系过程中出台的文件制度，开始将重点转向规范微观教育主体的行为方式，引导学校提高办学质量和办学效益。相应地，行业院校的主动调整主要出现在划转十几年的中后期。以煤炭行业院校为例，自主设立规划发展部门、启动新校区建设、建立区域性研究机构等主动适应的举措，都出现在2005年以后。所以被动适应是这一时期行业院校发展阶段性特征的主流，主动调整与被动适应并存，是国家宏观调控政策步入正轨之后高校的一种自我调适。

二、路径依赖特征

教育管理体制改革同其他制度变迁一样,是在特定的政治、经济、社会背景下进行的,具有深刻的历史与文化根源,有着强烈的路径依赖特征。在这方面,美国新制度经济学家诺斯将制度分析的实质界定为制度变迁的"路径依赖"和"锁定"的分析。其基本假设是:任何制度,它一旦产生和出现,就会对下一个制度的产生构成前提性条件,可能推进、更可能阻止制度的进一步变迁,推进构成了路径依赖,而阻止则构成了锁定。中国高等教育体制改革是一场以连续的边际调整为特征的渐进式改革,在当时的背景下,这场变革对提高效率具有明显的积极作用,但是随着改革的深入,不排除在改革中壮大起来的新的利益结构反过来会成为改革的阻力,甚至造成高等教育生态环境的恶化,对现代大学制度的构建形成路径锁定。与这一轮改革之前相比,在高等教育管理体制改革中,我国高等教育体系和制度的基本特征并没有太多的改变,只是由中央集权变为中央与地方政府分权,还有可能形成地方政府之间的利益分割和竞争壁垒。

三、连续与断裂并存的特征

新制度经济学认为,制度变迁是一个渐进的、连续的演变过程。高等教育管理体制改革的一系列制度通过不断的边际调整得以实现,具有典型的渐进式变革特征。但对于被划转的院校来讲,管理体制与隶属关系变革、高等教育大众化、质量工程、招生与就业改革等多元化改革在短期内连续来袭,需要快速完成内部结构优化和制度转向,如果转向不到位或者错位,在某种程度上就会出现政策对接的断裂问题。例如,在行业院校划转文件中规定了原行业部委的行业指导职能,以确保改革的连续性,但是实践中却出现了事实性的断裂,并没有从条块分割有效过渡到条块有机结合,而是形成了新的条块分离。此外,高等院校同质化问题、学科专业特色与人才培养质量特色问题,都是在制度变革中由于出现制度设计与实践操作分离而涌现出来的典型问题。

四、分化与趋同并存的特征

Richard（2001）曾提出组织域内的所有组织都有其正式和非正式的价值观、规则、习俗和利益，它们在一个共同的生活空间中进行互动，由此会促使组织域发展出一套制度来控制和管理不同组织之间的交流。对于划转后尤其是划归地方的行业院校来说，由于划归的省（自治区、直辖市）不同，各个省（自治区、直辖市）的高等教育发展理念、经济社会发展程度、文化制度背景等均存在差异，处在不同制度场域的行业院校，逐渐呈现出在发展空间、开放水平、教育资源以及信息的获取渠道等方面的差异。同时，不同办学资质和学科背景的院校合并经历，也在一定程度上推动了行业院校之间的分化。

以分布于不同区域的煤炭行业院校为例，在划转之初，由于地方政府的外部推动，山西矿业学院和湘潭矿业学院分别与实力更强或实力相当的院校合并，山西矿业学院和太原工业大学合并组建的太原理工大学进入国家"211工程"重点大学建设行列，湘潭工学院与湘潭师范学院合并组建的湖南科技大学学科门类达到11个，事实上进入综合型大学行列。这两所煤炭行业院校因合并经历而导致煤炭行业特色专业优势相对稀释，并与其他煤炭行业院校之间开始出现发展战略上的分化。坐落在河南的河南理工大学，由于其所在地即山西与河南交界的区域煤炭资源禀赋较好，河南省内具有实力的工科院校相对较少，通过学校特色化发展战略的实施，学校获得了较多的行业资源和区域政策性资源，使其确立了在所在区域中的比较优势。而坐落在东北老工业基地的辽宁工程技术大学，由于其所在区域煤炭资源进入枯竭期，辽宁省内具有竞争性的工科院校又相对较多，因而在获取政策与资源支持方面就出现了相对不足。

虽然行业院校受地域影响而出现分化迹象，但将行业院校放到整个高等教育的大背景中来看，制度演进过程中的分化只发生于个体和局部，多属于部分行业院校渐进性的探索行为，行业特色依然是该类院校的同质属性。互动共存的人才供求市场竞争环境，相似的社会服务领域，尤其是在国家调控模式下政府与高校间相同的激励结构，促使行业院校在目标定位、学科建设、人才培养等方面的发展境遇与行为选择也更加趋同化，甚至卷入成果攀比、规格攀升、排名攀附的数字政绩的怪圈。

第三节　行业院校战略选择行为的制度逻辑分析

一、技术环境与制度环境：制度合法与技术效率

新制度主义组织社会学者认为，组织会面对两种不同的环境：技术环境和制度环境。技术环境是从技术的角度看待组织的运行，包括组织外部的资金来源、生源质量、劳动力市场等，也包括内部教学与管理等改革环节；而制度环境是指一个组织所处的法律制度、文化期待、社会规范、观念制度等为人们"广为接受"的社会事实，具有强大的约束力量，规范着人们的行为（周雪光，2003）。技术环境追求内部的技术，要求组织内部的结构和运行程序满足技术效率，制度环境则是支持组织能够存续的外部条件，追求的是合法性机制。

从行业院校的技术环境来看，以服务单一行业产业链形成优势学科链，行业办学传统形成了行业院校与行业依存的办学惯性。受制于行业发展周期，行业院校市场供给的被动性、行业办学的制度锁定效应也比其他类型院校更强。随着管理体制的改革，行业院校对行业的计划性供给转为市场性供给，失去原有的行业壁垒，在人才供给、科技转化、社会服务等与市场交互作用的过程中，行业院校被置于与其他各类院校在更大范围内竞争性准入的技术环境中，由此造成部分行业院校在办学压力下陷入竞争性模仿。

目前，行业院校的制度供给方式主要以中央政府直接供给、地方政府负责直接管理为主，制度供给主体的边界往往处于模糊状态。而行业院校尤其是地方行业院校要想充分表达制度创新需求，需要与地方政府进行沟通，要想获得制度资源的优先权，必须与地方政府所认同的改革方向相契合。因此，在现有以政府为主导的制度供给环境下，行业院校缺少话语权，拥有的制度创新空间较为狭小。尤其是自管理体制改革以来，多重改革政策的叠加影响，使行业院校在综合化与特色化、区域性与行业性等战略目标的选择上摇摆不定、模糊不清，而为了获得制度环境的认同，只能忙于应对各种教育政策的回应，把象征性的东西做好。另外，在改革措施的选择上，往往忽视了自身发展规律方面的

技术合理性和适切性，更倾向于依据社会的评价标准来获得改革的合法性。在学科建设、人才培养规模与规格等方面的发展策略上，其始终朝向并主动纳入国家给定的规范体系（左兵，2006）。在政策的诱致甚至强制性作用下，行业院校的技术效率往往要妥协于制度合法。

二、制度供给与需求：重点建设与特色发展

我国高等教育管理体制很大程度上受到经济体制改革的影响。20世纪90年代，我国先后启动"211工程""985工程"，到后来的"2011协同创新计划"，再到如今的"双一流"建设，尽管制度设计的初衷是实现教育现代化，提升高等教育水平，达到世界一流，但在重点建设的行政逻辑下，随着高校的管制结构和资源投放方式发生转变，高校作为资源依赖型组织，政府财政模式、资源分配方式的变化在一定程度上将不同高校置于不同的制度环境内，并予以差异化对待，由此导致了高等教育系统的分层与分化。行业院校与其他类型院校、部属行业院校与地方行业院校之间在模仿机制的作用下趋同化明显，但是却只局限于办学规模和学科布局等的形似，而实际的发展水平差距却愈加明显。

行业院校是在计划经济体制下，为适应国民经济对各行业高级专业人才的需求和科技发展的需要，由原中央或地方行业部门主办并提供资金支持而建立的一批重点面向各主管行业培养人才、提供技术服务的高等院校。因此，行业院校的兴起本身就以行业特色为办学传统。但在国家现有的教育管理及评估体系下，行业院校与其他院校的发展趋同化明显，加之主动融入区域发展的服务重心的分散甚至转移，行业院校的行业性办学特色和优势逐渐淡化、稀释。在普通高等学校本科教学工作水平评估方案中，"特色项目"指标的添入，使"办学特色"作为新的语境重新进入高等教育制度文本中。而在新一轮的高等教育领域综合改革中，更是明确要求促进高校办出特色，建立高校分类体系，实行分类管理。尽管行业划转院校的特色处在不断的动态变化中，但追求技术效率、实现特色发展始终是行业划转院校的共同认知和制度创新需求。

三、博弈均衡：制度协调与集体行动

从教育改革的发展历程看，历次重大改革多以政府为主导的强制性制度变迁为主，这种强制性导致改革进程中的组织激励及信息不对称问题并没有得到妥善解决（林杰，2004），以至于部分学者认为与经济制度的博弈相比，教育制度安排的人为性和外生性更占上风。但随着制度供给模式逐渐向诱致性、渐进性改革转变，政府更加注重制度结构层面，包括法令、规范、认知的协调一致。因此，关注制度的内部变迁过程，从均衡博弈角度分析教育制度的起源与实施问题，对于理解教育制度变迁过程中行业院校的微观行为机制提供了重要的理论视角。内部变迁理论认为，作为一种均衡现象，制度是重复博弈的内生产物，既是参与人持续不断的战略互动的产物，同时也独立于个体参与者的行动选择（科斯，等，2004）。制度是内生博弈的产物，使得制度能够协调个体的行为，但其独立性又可能会由于参与个体自身的认知局限而陷入制度失调。即从个体的有限理性假设出发，尽管制度参数边际发生变化，但由于环境的不确定性，个体无法分享新均衡行为被执行的预期，只能依靠过去的行为规则指导其行为，继续采取过去自我实施的行为模式（Greif, et al., 2004），进而导致出现了沉没成本、"搭便车"、信息不对称的问题，阻碍了制度协调的进程。在国家不断深化改革的连环制度效应下，外部制度环境的不确定性造成部分行业院校对政府、市场、社会及其他院校等博弈主体的认知信息不完全，因而无法摆脱在发展方式上的摇摆和迷茫状态，多数仍然只能以过去的行为规则进行战略抉择。路径依赖的制度变迁特征、旧制度的沉没成本以及制度创新附带的多重成本，可能会造成行业院校的"搭便车"现象，大学制度变迁由此掉入"虚假创新"的陷阱（罗红艳，2014）。

针对参与个体在集体行动过程中的不作为、"搭便车"等问题，奥斯特罗姆（2000）从博弈论的角度进一步发展了集体行动的理论，提出多中心制度分析理论，认为利益相关者能够达成一个有约束力的合约，承诺实行由他们自己制定的合作策略。这种制度旨在通过自主治理克服"搭便车"、回避责任或机会主义诱惑等问题，取得持久性共同利益。这种制度分析模式提出了不同于官僚行政理论的治理逻辑，强调政府治理变革应打破单一中心的模式，构建政府、市场和社会的三维框架，以提高集体行动的效率（黄新华，等，2010）。作为利益相关者组织，行业院校治理过程是政府、市场、社会等多元利益相关主体的博弈过程，打破政府单一中心指导变革的状态，改变市场指引制度缺失造成的高等教育失衡现象，以供给侧改革、分类管理、多元治理为框架，形成多个利益相关主体的多元参与，是行业院校提升治理能力、实现治理体系现代化的重要战略抉择。从集体行动的角度，通过大学联盟、校企联盟等协同创新组织形式的构建，更有利于行业院校摆脱保守趋向、模仿趋同、恶性竞争等发展问题，以制度供需均衡、各个参与主体的博弈均衡，来实现集体行动、协同创新和特色发展。

根据对高等教育管理体制改革的一系列制度分析，我们发现在以政府为主导的制度供给环境下，行业院校尤其是地方行业院校缺少话语权，拥有的制度创新空间较为狭小，被动适应甚于主动作为。在某种程度上，大学办学自主权的释放程度决定着行业院校内部治理能力现代化的前进速度。在行业院校管理模式由办特色到去特色再到强特色的制度语境的变迁过程中，体现出了政府以尊重高校自身的独立性和发展变迁规律，实现高校差异化发展为目的的一种追求制度供需均衡的帕累托改进过程。

多中心制度分析为行业院校的战略发展趋向提供了很好的阐释视角。从集体行动的角度，打破以政府为主导的单一中心模式，构建高校、政府、市场和社会的多中心制度框架，并以大学联盟、校企联盟等组织形式实现战略协同，是行业院校摆脱服务面向的摇摆状态、趋向合法化的模仿心态，实现特色发展的重要的制度优化路径。

第三章

地方行业划转院校办学特征的激励相容

学界普遍认为随着现代社会的发展，高等教育与社会发展之间的关系呈现出由跟随发展到伴生发展再到先导发展的梯次性、阶段性的演进规律。随着知识社会化的发展，高等教育的知识生产更倾向于多学科和应用研究，大学的三个功能即人才培养、科学研究、社会服务也由此日益发展成为一个整体，大学与社会之间的融合程度不断加深。而对于行业划转院校尤其是划归地方管理的行业划转院校来说，在人才培养、科学研究等方面的行业应用属性使其与社会之间的关系更多地呈现为与行业之间服务与被服务的关系。但随着隶属关系的变化、资源分配方式的调整，区域服务能力也成为衡量地方行业划转院校社会服务职能的重要维度。面对服务重心和服务方式的转变，行业划转院校在与社会互动的过程中曾一度出现身份认知困境。本章主要从大学与社会的关系视角出发，以地方行业划转院校为研究对象，探讨在办学资源约束有很强的边界条件下，行业划转院校如何实现行业性与区域性特征的激励相容，提高在行业和区域的双重竞争力。

第一节　行业性与区域性的双重特征与共生关系

一、行业性与区域性的双重办学特征

对于地方行业划转院校来讲，行业性和区域性从来都不是非此即彼的，而

是作为一个利益和矛盾共同体长期存在于这个类别的院校之中，影响地方行业划转院校的定位与发展。

（一）行业性是地方行业划转院校的历史遗传基因

行业划转院校多成立于 20 世纪 50—70 年代，几十年甚至上百年的办学历史为其积淀了丰厚的物质与精神财富。行业院校划转地方后，从隶属关系上看，行业主管部门类似于"娘家"，地方政府类似于"婆家"，虽然隶属关系发生变化，但是其学科优势、特色专业、科研方向、校友资源、校本文化并不会随着隶属关系的变化而改变，反而在地方院校群体中更能凸显其行业特色与优势。不同行业有各自行业的组织行为与文化方式，受行业组织特点和行为文化的影响，多数行业院校在多年的办学实践中形成了与这种行业文化相适应的独特的大学精神及校园文化。尽管这种精神文化并不可视，但往往融入和浸润到了学校办学方式、服务领域、师生思维及行为方式等多个方面，积淀成内在的精神品质和办学风格，成为地方行业划转院校重要的遗传基因。

（二）区域性是地方行业划转院校的环境身份标识

院校管理体制改革以后，按照隶属关系，我国只有中央部委院校和地方院校两个类别，除特殊行业外，行业院校类别已经从官方的管理体系、话语体系中消失，地方院校成为行业划转院校新的身份标识。这种身份标识变化包括生源地方化、办学功能地方化和运行方式地方化。地方行业划转院校的招生主体由全国均衡变为地方生源为主，地方拨款成为学校办学的主要经费来源，为区域经济与社会发展培养人才、组织科学研究、进行社会服务，带动区域的文化传承与创新，已经成为地方政府赋予这类高校新的功能与使命。大学的生存与发展从来都离不开办学环境的影响。行业划转院校为了适应这种变革，经历了一个地方化的过程，主要表现在顶层设计中明确主动为区域服务的战略，主动寻求专业建设与区域经济的契合点，主动对接区域需求，提升在区域创新体系中的贡献度，主动依托自身的智力与人才优势，融入地方经济建设主战场等。行业院校经过划转后十几年时间的过渡性适应调整，对地方性、区域性的环境和身份标识都有了很好的认同，地方政府及其教育主管部门与行业划转院校之间也已经走过了最初的磨合期，建立起了相对稳定的领导、指导与被领导、指导的关系，在一定程度上建立了新的认同与被认同的平衡关系，地方行业划转院校与该区域内的原有地方院校之间也同时建立起了新型的群体性关系。

二、行业性和区域性的共生关系

不管是行业部门主管还是地方政府主管，行业性和区域性都是共存于行业院校之中的。在行业部门主管时，行业院校与区域互动一直存在，因为区域经济的影响、地域文化的浸润、知识技能的传递和自身办学的需要不会因为主管部门的存在而被屏蔽或者禁锢。只是在这一特殊时期内，行业院校对区域经济产生的影响，更多是通过行业这个特殊通道产生作用。变为地方政府主管后，划转院校与行业的互动同样频繁，因为历史的积淀、学科的结构、技术的外溢、市场的力量和竞争的需要，划转院校与行业之间的链接关系都不会由于主管部门的改变而彻底断裂，只会随着行业产业的兴衰冷热出现不同程度的波动。地方行业划转院校无论是在行业办学时，还是在地方主管后，都存在行业性和区域性的双重属性，区别只在于程度的不同而已。地方行业划转院校行业性与区域性双重属性的关系，可以用二维象限分析法（陈廷柱，2012），以二维象限的形式表示出来（表3-1）。

表 3-1　地方行业划转院校办学特征分类

基本维度		区域性特征	
		弱	强
行业性特征	强	Ⅰ行业化 （行业产业导向）	Ⅱ区域性、行业性 （理性发展导向）
	弱	Ⅲ （定位偏差）	Ⅳ地方化 （区域发展导向）

地方行业划转院校发展的理想模式应该是行业性与区域性的兼容，也就是表3-1中的第Ⅱ区间，典型特征是既有鲜明的行业特色，又有极强的区域服务能力。这种模式讲究的兼容，即地方行业划转院校在主动适应与促进区域和行业企业发展中找到平衡，形成特色，谋求理性发展。从地方行业划转院校的发展进程来看，顺应高等教育管理体制改革的要求，行业划转院校在各个阶段呈现

出的办学特征,主要表现为第Ⅰ、Ⅳ、Ⅱ区间之间在时间上的递进性:在行业办大学时,行业化是行业院校的主要特征(第Ⅰ区间),在地方政府办大学后,地方化是地方政府的主导(第Ⅳ区间),在由行业办学到地方办学的过渡期内,行业划转院校不同程度地存在办学定位的模糊和服务面向的摇摆,在第Ⅰ区间和第Ⅳ区间波动,而行业划转院校未来理性的发展趋向和战略选择应该是找到行业化和地方化之间的平衡点和契合点,由两者之间的资源竞争与博弈,转为两者在知识与价值上的共享与共创。但是如果处理不好,行业划转院校的办学模式就可能落入行业特色稀释、区域服务能力较差的第Ⅲ区间。

第二节　行业性与区域性特征相容的现实困境

从服务面向上看,隶属关系和管理模式发生变革后,地方行业划转院校立足于新的隶属关系和市场竞争需要,经历了一个适应性调整的过渡期,而在此过程中不可避免地产生了新的发展问题和困境,在"内涵发展、办出特色、争创一流"的语境下,行业办学传统与地方化现实之间的矛盾逐步显现,主要表现为行业性与区域性之间的不衔接、不协调、不相容。

一、传统办学惯性带来的不衔接问题

隶属关系划转是一种政府指令,虽然同期建立了省部共建制度,但短时间内并没有建立起有效的共建机制。在过渡期内,条的管理和块的管理之间还是出现了衔接方面的问题,中央政府期望的条块有机结合的局面在短时间内并没有形成,反而出现了由"条块分离"向"块条疏离"发展的新趋势。从行业划转院校的角度看,行业划转院校长期以来形成了专注于行业发展需要的办学传统,对区域经济社会发展的关注不足,服务行业办学形成的学科专业优势与区域经济社会发展需求不匹配,特别是行业办学的特殊历史背景下形成的办学优势难以在短时间内找到与地方经济发展相结合的切入点和契合点(李轶芳,

2010），造成了办学定位和服务面向在转型期的不适应与不衔接问题。从区域经济社会发展看，原有的区域发展需求满足也有特定的合作伙伴，不同区域与各自合作高校之间已经在智力支持、人才供需等方面达成默契，形成了一定的平衡和惯性，加之对原行业院校的了解相对不足，制约和延缓了行业院校地方化的进程。这种传统办学惯性带来的不衔接问题主要体现在办学理念、办学文化、人才培养方式、社会服务方式等多个方面，造成了学校的发展理念、行为方式与地方政府的行政理念、行为方式之间的疏离。

二、地方化、多学科化带来的不协调问题

从学科逻辑上看，单一行业是一条线，地方区域是一个面，服务行业需要围绕行业产业链建设学科、布点专业，强调内生性和完整性，服务区域需要围绕区域需求建设学科、布点专业，强调针对性和实用性。我国地方行业划转院校在行业性和区域性方面的不协调主要体现在学科体系的系统性上，行业性和区域性两个方面的学科建设张力，直接造成了学科设置的松散、杂乱。一方面，多年行业办学积淀形成的行业性强的学科专业布局，短期内很难适应区域的经济社会需求，造成了行业性学科布局与区域性需求的不协调；另一方面，随着多学科化、地方化、大规模化程度的深入，划转地方后的行业院校原有的围绕单一产业链条形成的学科群得以大幅度扩充，学科面向领域开始综合，专业服务层面更加多元，新增设的学科专业布局更倾向于追求综合功能与"地方特色"，与原有优势特色学科难以形成有内在关联和互补性强的学科群（董新伟，2012）。按照学科生长的内在规律，适应地方需求的学科在短时间内很难形成优势，而原有的具有行业特色的优势学科还会被事实性地消解和弱化，直接影响了这一类别院校办学质量的提升，一定程度上削弱了在高校群体中的竞争力，甚至从原来单一学科的同质化办学现象过渡到多学科的"大而全而弱"的另一种同质化办学局面。在某种程度上，后一种"大而全而弱"的同质化现象比原来的"单一学科"的同质化现象更为可怕，因为其不仅消耗了已有的办学资源，而且大多提前预支或占用了学校未来的发展资源，造成每一类学科都有资源稀缺感，为学校优化配置资源、扶植形成优势特色学科增加了难度。另外，学校多年办学历史形成的大学文化自

然会被稀释，这对文化传承和创新也提出了新的问题和挑战。

三、外部社会资本稀缺带来的不相容问题

根据伯顿·克拉克经典的"三角协调模式"理论，可以看出嵌入在一定社会关系网络中的大学与其他社会主体关系的强度影响着其获取社会资本的能力。划转后的行业院校与行业的排他性关联被弱化甚至断裂。在新的协调共享机制尚未建立的前提下，来自行业的社会资本流量则大为减少。

国家调整行业院校隶属关系的政策初衷就包含优化资源配置的意蕴，但是行业院校管理方式变革后十几年的发展历程，是在中国市场经济逐步走向深入的大背景下展开的，市场的介入改变了政府订单式的人才培养模式，引发了行业院校在人才供求、教育资源与资本等方面的利益相斥性和竞争性。这种发展趋势与中国高等教育大众化的进程同步发生。大众化教育进程最集中的矛盾就是数量和质量的矛盾，深究其原因是优势资本的相对稀缺。地方行业划转院校除去依靠数量扩张获得的有限的地方政府资源支持外，因为与区域经济匹配程度不高，来自区域的社会资本支持也十分有限。在社会资本稀缺的情况下，这类院校要满足来自行业产业升级和区域经济转型的双重需求，就会显得力不从心，内部资源配置必然会捉襟见肘，由于资源配置不足，在行业性和区域性这样内部学科专业建设上就会出现顾此失彼的不相容现象。在市场经济竞争性因素的制约下，内部资源配置不足，顾此失彼的不相容现象会造成行业划转院校对市场的供给质量降低，进而影响学校整体的办学实力，而办学实力的减弱又会影响外部的资源支持来源，可能会引发新一轮的资源配置不足的恶性循环。

第三节　行业性与区域性双重特征的激励相容

既然行业性和区域性是一对共生的办学特征，兼顾行业和区域两个方面的需求，实现行业和地方两个条块需求的激励相容，应该成为地方行业划转院校

的价值追求和行动宗旨。

一、行业性与区域性的双重身份识别

地方行业划转院校在制订发展规划和确定办学战略，建设高水平特色型大学时，首先要深刻认识和准确定位自身兼具行业性和区域性的双重身份特征，应该站在行业和区域两个制高点上，将表 3-1 中的第 II 区间作为理想发展导向的空间，确立服务区域和行业的双重使命与价值追求，既要把服务区域发展需求作为基础性、平台性的发展战略取向，又要将跟踪行业前沿、保持特色优势作为提升性、竞争性的发展战略取向。同时，要认真研究国家战略与行业需求、地方需要的关系，以行业优势服务区域发展，以区域服务能力提升优势学科内涵，实现传统功能的新发展，建设具有行业特色的区域性高水平大学，使学校在行业与区域交叉的新兴学科领域、在整个高等教育界大学群体中确立新的地位。

二、实现外部治理主体的激励相容

地方行业划转院校从行业建设和行业发展的需求中产生、发展和壮大，依托行业办学是这类高校的文化基因与历史选择，更应成为当前一流大学建设和特色发展的现实追求。地方行业划转院校要想保持行业性和行业特色不被弱化，就要紧跟行业产业发展变化前沿，根据产业发展趋势和需求不断完善产业链，通过深入挖掘董事会、校友会等治理机构和社会组织的功能，以共同建设协同创新中心、工程研究中心、创新实践基地、教育培训基地等方式，保持并加强与原行业及相关新兴行业主管部门、行业协会和有影响力的科研院所之间的联系与合作。同时，要抓紧完善现代大学制度，实施管、办、评分离的改革，为大学治理实现现代化提供契机，组建大学发展利益相关主体共同参与的新型大学理事会，让理事会成员真正参与到大学发展战略决策中来，共同参与制订事关行业性和区域性办学特征的中长期发展规划，为大学发展提供外部决策和社会资源支撑，在发展战略上实现行业性与区域性办学特征的激励相容。

另外，从现实和长远发展来看，行业划转院校必须扎根于地方需求，理性选择服务地方的方向和领域，找到学科专业发展新的生长极（别敦荣，2011）。同时，要学会争取地方政府、教育主管部门、企事业单位等多方的支持，整合各方优势资源，建立政府主导、行业参与、社会支持的多维立体办学支持体系，走合作办学、共赢发展之路（李轶芳，2010）。地方政府要区别于其他地方院校的管理方式，对行业划转院校强化行业性拥有包容心，帮助其找到行业特色发展与区域服务的最佳结合点。地方政府及其教育行政主管部门要认识到，地方行业划转院校之所以在短时间内难以找到区域服务的最佳结合点，是因为在其十几年或几十年甚至更长时间的发展中，已经形成了稳定的发展范式，具有强大的发展惯性和路径依赖特征，需要为行业划转院校留出足够的选择甚至是试错空间。政府及其主管部门有责任为这种选择提供政策引导和环境培育，在制订区域发展规划时，充分考虑行业划转院校的资源需求和技术外溢，分阶段、分层次引导行业划转院校实现与政府规划的主导产业之间的衔接和契合。地方政府和行业主管部门要各司其职，将中央和省部共管共建落实到具体项目、具体经费上，提出具有可行性的具体目标与实现路径。

三、完善内部治理的激励相容机制

优化大学内部治理实质上是实现激励相容，即通过制度设计和安排，促进大学内部各种主体利益的激励相容，从而充分调动各种利益主体的积极性和创造性，实现大学办学效益的最大化（张海滨，2012）。地方行业划转院校的行业性特征与区域性特征内部治理的共生相容，核心在于形成学科的内生机制。在多学科办学的格局下，加强围绕行业产业链建设的学科专业与围绕区域经济社会发展需求新增的学科专业之间的内在关联性，着手建立相互支撑、优势互补的紧密型学科专业体系。学科专业优化绝不是简单地对学科专业进行加、减、乘、除，而是要依托学校学术委员会或专业建设委员会，进行科学缜密的论证分析，借助现代信息技术手段，建立学科专业优化信息资源库，为学科专业结构调整提供数据和信息支持。另外，通过聘请外部行业产业领军级专家对行业产业的未来发展趋势进行预测,综合发展前沿、现有基础和政策环境等因素后,提出优化调整方案。要实现内部治理的激励相容,关键在于建立多元的制度支持体系,分类别、分层次制定有利于学科和专业建设的评价激励制度,实现资源共享与利益分配的科学机制,营造有利于合作共生的校园文化生态。内部治理的激励相容还需要院校内部有清晰的中长期发展规划,在教职员工、在校学生等办学利益共同体中形成共同的发展愿景,围绕共同的发展愿景建立起日臻完善的内部治理体系,能够真正实现"党委领导,校长负责,教授治学,民主管理"。

第四章

煤炭行业人才供求关系的动态特征

众所周知，在市场经济体制下，高等教育作为一种特殊的"产业"存在着两对既相互联系又相互区别的供给与需求关系（朱秋白，2005）。进入 21 世纪以来，不管是在理论研究还是实践操作层面，我国公民教育需求和高等教育供给之间的供求关系均得到了较多的关注并达成了共识，研究成果也直接对我国高等教育由精英化到大众化以及正走向普及化的发展进程起到了指导作用。在这一对供求关系基本达到平衡时，另一对供求关系即劳动力市场需求和高等教育人力资源供给之间的供求矛盾开始凸显。作为高等教育规模扩张的承担主体，行业划转院校与行业之间供求关系的变化过程，可以用来描述进入大众化教育阶段以来这一供求关系的动态发展轨迹，进而探讨高等教育与劳动力市场之间的人才供求结构问题，可以为计算人力投资成本、优化教育规模结构提供参考。本章的研究选取了对行业依存度较高的煤炭行业划转院校作为例子，以煤炭行业形势的波动为参照基准，探索中国煤炭行业人才供求的动态特征与失衡问题，并对人才供需阶段性失衡的成因和对策进行讨论。

第一节　研究设计与数据来源

一、指标选择

（一）煤炭价格

煤炭市场景气指数是目前能够较为科学地反映煤炭市场环境变化的指标。但中国煤炭市场网有关数据显示，此数据从 2012 年 7 月才开始统计公布，所以并不具备这一研究数据样本的完整性。因此，本章选取了主要动力煤品种（大同 5500 大卡）价格的变化趋势来描述煤炭行业形势的变化。为了与煤炭行业划转院校招生及就业的数据相对应，选择了 2003—2015 年这一时间段。同时，选取煤炭价格来表现煤炭市场形势的变化，并未考虑技术进步等其他因素对行业形势产生的影响。

（二）招生人数

我们选取中国矿业大学、中国矿业大学（北京）、辽宁工程技术大学、河南理工大学、安徽理工大学、黑龙江科技大学、山东科技大学、西安科技大学、湖南科技大学、太原理工大学共 10 所煤炭行业划转院校的采矿工程与安全工程两个专业的本科学生作为样本，对 2003—2014 年 10 所煤炭行业划转院校采矿工程与安全工程两个专业的本科招生人数进行统计。样本选择的主要依据如下：①在院校的选择上，10 所煤炭行业划转院校作为传统的本科煤炭行业院校，具有较为鲜明的地矿行业特色，研究数据具有较好的历史延续性；②在时间段的选择上，随着 2002 年我国高等教育进入公认的大众化教育阶段，划归后行业院校的办学自主权不断扩大，2003 年招生规模实现大幅增长，选取 2003—2014 年这一时间段的招生数据进行分析更具现实意义；③在专业的选取上，采矿工程和安全工程作为煤炭行业的主体性专业，其在招生方面所表现出来的趋势特征具有代表性和参考价值。

（三）煤炭行业就业人数

同样，选取 10 所煤炭行业划转院校的采矿工程与安全工程两个专业的本科学生作为研究对象。将研究对象 2003—2013 年煤炭行业就业的人数作为表征这个时间段内煤炭企业人才储备情况的指标。这里用煤炭行业就业人数代表整个行业主要的人才储备情况，暂不考虑招聘生源（其他院校或专业）、各煤炭企业招聘计划的差异等因素。

（四）煤炭行业就业率

煤炭行业就业率是指煤炭行业就业人数与就业总人数的比值。样本选择与上文相同，通过煤炭行业就业率的变化，分析煤炭行业人才就业趋向与煤炭行业形势变化之间的关系。

二、数据来源

对于 10 所煤炭行业划转院校采矿工程和安全工程专业招生与就业人数的数据，主要通过文献查阅、高校调研的方式获得。2003—2015 年主要动力煤品种价格的数据（每年取 3 月、10 月两个时间点的观测值）主要从中国煤炭市场网的官方网站上获得。

三、数据呈现

运用 MATLAB 软件进行数据的拟合分析，绘制曲线图。同时，将获得的数据样本包括煤炭价格、煤炭行业划转院校采矿工程和安全工程两个专业的招生人数、煤炭行业就业人数及煤炭行业就业率导入 MATLAB 软件，并以煤炭价格的变化曲线作为参照基准，绘制出煤炭行业就业人数、煤炭行业就业率及煤炭行业划转院校招生人数的变化拟合曲线，参见图 4-1、图 4-2 和图 4-3。

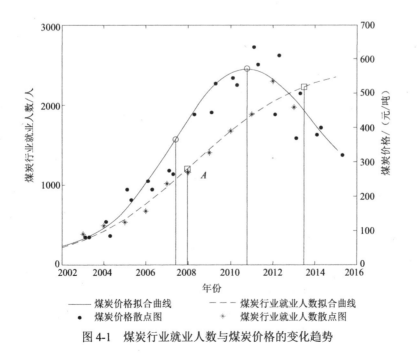

图 4-1 煤炭行业就业人数与煤炭价格的变化趋势

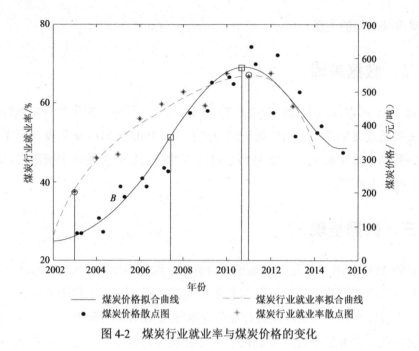

图4-2 煤炭行业就业率与煤炭价格的变化

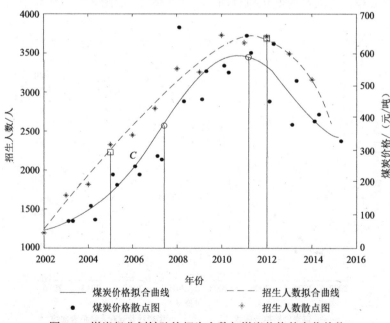

图4-3 煤炭行业划转院校招生人数与煤炭价格的变化趋势

第二节　煤炭行业工程技术人才
供求失衡的阶段性特征

　　如果将煤炭价格的波动情况作为煤炭行业人才供求阶段划分的主要依据，可以选取 2008 年（煤炭价格增长最快的年份）和 2011 年（煤炭价格达到峰值的年份）作为参考点，将 2003—2008 年煤炭行业的迅速回升期作为第一阶段，2009—2011 年煤炭行业的高位低速增长期作为第二阶段，2012—2015 年煤炭行业的下滑期作为第三阶段。通过对煤炭行业划转院校样本数据中招生人数、就业人数和就业率三个指标对煤炭价格的拟合曲线发现，2002 年以来，随着煤炭价格的波动变化，具有全日制本科高等教育经历的煤炭行业工程技术人才的供求在市场变化剧烈的第一阶段和第三阶段均呈现出典型的阶段性失衡的特征。

一、供不应求阶段

　　从煤炭行业就业人数、煤炭行业就业率及煤炭行业划转院校招生人数的变化曲线来看，这一阶段随着煤炭价格的上涨，煤炭行业就业人数、煤炭行业就业率以及煤炭行业划转院校的招生人数都呈现迅速上扬的趋势[1]（图4-1、图4-2、图4-3）。煤炭行业就业人数由 2003 年的 381 人到 2008 年的 1154 人，增幅达到 203%。煤炭行业就业率也在 2008 年达到 63%，煤炭行业逐渐成为采矿工程与安全工程专业毕业生主要的就业领域。从招生来看，这一阶段采矿工程和安全工程两个专业的招生规模年均增长幅度在 15% 左右。而煤炭行业就业人数、煤炭行业就业率及招生人数三者也先后在这一阶段达到整个时间段内年均增长最快的观测值（图中标注观测点 A、B、C）。可以看出，受煤炭行业复苏的带动，这一阶段成为煤炭行业需求的一个迅速填充期。

　　这一阶段的失衡主要表现为行业人才需求增长过快，人才储备与供给不足，出现了典型的行业人才供不应求。从需求的角度来看，据中国煤炭工业协会的统计数据显示，2003 年全国煤炭投资规模的增长率与上一年相比达到 208.16%，成

---

　　① 此处指第一阶段，即 2008 年以前。

为自 1999 年以来增长率最高的一年。投资规模的迅速扩张，生产规模的不断扩大，使煤炭行业人才需求缺口快速出现。《中国煤炭报》的问卷调查显示，2005年前后，我国 96% 的煤炭企业缺少机电专业人才，88% 的煤炭企业缺少采矿专业人才，另外通风、安全、洗煤、煤化工等领域的专业人才也十分紧缺。从供给的角度看，在人才需求缺口出现之前，统计数据显示，1999—2001 年，10 所煤炭行业划转院校两个专业每年的招生增幅维持在 5% 左右，三年的招生总数仅有3205 人，甚至低于 2008 年一年的招生人数。这一时期部分煤炭企业甚至由于多年没有招聘到本科院校大学生而陷入人才的断档危机（梁顺霞，2011）。

二、供求两旺阶段

第二阶段煤炭价格、煤炭行业就业人数、煤炭行业就业率及煤炭行业划转院校招生人数均呈现出持续增长。从图 4-2 和图 4-3 来看，随着煤炭价格逐渐达到最高点，煤炭行业就业率与煤炭行业划转院校招生人数大约在 2011 年相继达到峰值。从图 4-1 来看，煤炭行业就业人数在 2011 年之后增长趋势未减，煤炭行业的人才储备仍处于持续扩张的时期。

这一阶段的失衡主要表现为行业人才需求的过度表达，人才储备与供给旺盛，以及人才供求之间的非理性扩张倾向明显。从招生数据曲线来看，这一阶段采矿工程和安全工程两个专业招生规模年均增长幅度在 15% 左右，远远高出同一时期国家高等教育招生年均增长率。人力资本引进的非理性扩张特征在这一时期已经初步显现，这种扩张是和产业扩张的非理性同步出现的，一方面表现为企业人力资源储备的非线性问题，另一方面也表现为高校人才培养的质量保障困境。这一阶段供求双方的非理性扩张也为第三阶段的动态失衡埋下了伏笔。

三、供过于求阶段

第三阶段的失衡主要表现为行业人才需求的快速回落，人才培养与储备过剩，出现了典型的行业人才供过于求的特征。2012—2015 年是煤炭行业人才供求状况的第三阶段。从曲线图来看，煤炭价格经历黄金十年的持续上涨后，2011 年下半年开始出现下滑迹象，煤炭行业就业的人数在 2013 年呈现出明显下降趋势。从调研数据来看，从 2012 年开始，到煤炭行业划转院校招聘采矿工程、安全工程主体专业学生的企业每年递减 10% 左右。从招生曲线和数据来看，主体专业招生的数量持续保持高位，来自高等教育方面的反应和调整明显要滞后于行业市场的变化。前一阶段人力资源的非理性扩张直接导致了行业企业人力资源储备过剩，行业企业人力资源需求的持续锐减和高等教育机构招生数量的持续高位，必然会导致高校人才供给的过剩。煤炭行业就业人数与煤炭价格走势的差异主要出现在第三阶段，第三阶段因此也成为人才供求矛盾最为突出的时期。

总体来看，我国煤炭行业人才供给与需求的动态平衡是存在的，相对的平衡是供求双方共同追求的主题，但不平衡却一直是事实性存在，绝对的不平衡主要表现为一种双向的动态失衡。从整个煤炭行业人才供求关系的发展过程中，可以看出院校和企业一直在追求一种供需相对平衡的状态，但每个发展阶段却随着行业发展的波动表现出阶段性的不平衡。

第三节　煤炭行业工程技术人才供求失衡的原因探析

通过教育和培训获得的技能与劳动力市场的需求不相匹配，这并不是最近才出现的难题，教育与就业之间的匹配失衡，与经济政策选择及政治责任相关（UNESCO，2015）。深究煤炭行业人才供需矛盾的形成，主要受经济因素、政治因素及教育因素的影响，其中煤炭行业市场容量起到了决定性的作用，市场和计划两种体制起到了制约性的作用，教育自身的特殊性则起到了基础性的作用。

一、经济因素：煤炭行业市场容量决定行业人才供求形势

西方劳动力市场理论认为生产发展与劳动力需求之间存在着正相关关系。市场容量扩大，就会引起生产规模的扩大，在其他条件不变的情况下，就会引发劳动力需求的增加，相应地，这一职业的工资就会上涨。而在劳动力市场的简单模型中，劳动力的供给量受工资高低的调节，工资上涨，能够引导人们涌向该行业。相反，市场容量萎缩，生产规模就会相应地缩小，劳动力需求就会下降，工资也会随之下降，由此劳动力则会转向其他领域就业（黄泰岩，1993）。因此，在不考虑其他因素的情况下，劳动力供给在很大程度上受工资水平的影响，而工资水平又相应地受到行业发展状况的限制。

就煤炭行业来说，煤炭行业的市场形势直接制约着工资水平的高低，进而会影响煤炭行业的人才储备和煤炭相关专业毕业生的就业趋向。受国内外市场环境、能源结构、消费需求等多种主客观因素的影响，煤炭行业发展存在很大的波动性。而这种行业发展形势的不稳定性，导致煤炭企业和行业院校对行业发展走势的把握不到位、对人才需求的预测能力不足，反应速度相对迟缓。同时，时间上的滞后性进而引发了人才供求上的盲目性。当煤炭行业发展形势不好时，煤炭企业对人才的吸纳能力减弱，较低的福利待遇促使毕业生选择转向其他领域就业。低就业率使得煤炭行业划转院校相关专业发展受到冷遇，招生的动力和来源也相应受到限制。而当煤炭行业由谷底开始回升时，高校却因为存量不足无法提供足够的人才供给，由此造成行业人才供不应求的状况。而煤炭企业在经历了人才断档危机之后，在没有进行风险预测与评估的前提下，会陆续引进大量的储备人才。煤炭相关专业毕业生受较高的工资水平和福利待遇的影响，纷纷选择进入煤炭行业就业。煤炭行业划转院校也在就业率高、煤炭市场形势好的双重驱动下，不断扩大招生规模。行业发展走势的突然转向，使得煤炭企业和高校没有缓冲的时间和过渡的空间，导致新一轮的供求失衡出现。煤炭行业形势的周期性变化，行业市场信息预测、传递、反馈的滞后性，最终促成了煤炭行业人才在供求上的交替性失衡。

此外，由于工作环境的特殊性，地矿类行业属于高危性行业。职业的危险性，使得该行业必须拥有比其他行业更高的福利待遇，才能吸纳优秀行业人才的涌入。如果高风险与高收入的相持性被打破，煤炭行业的福利待遇低于心理预期，就会影响从业人员的工作稳定性，造成煤炭行业从业人员的流动性增大。较高频率的人员变动会在一定程度上对煤炭企业本身的人才需求预测造成一定的干扰，从而加剧了供求形势的复杂性。

二、政治因素：双重体制制约了煤炭行业人才供求的均衡

我国高等教育发展采取的是国家调控模式，中国的高等教育管理体制一直存在着显著的计划管理特征，高等教育的投入、招生的规模、开办新学校的审批等决策权集中于中央政府。在整个行业人才培养的过程中，高等教育的入口即高等教育规模发展的计划指标一直由中央政府制定和下达，中央政府每年通过年度文件指导全国的高等教育招生，学校办学的自主权依然较小（朱秋白，2005）。此外，在高等教育领域，师资力量、经费投入等高校教育资源的配置同样在很大程度上依赖于政府的财政支持力度。我国高等教育的发展本质上体现为由政府行政推动的"诱致性发展"（杨林玉，等，2016）。在高等教育的出口，随着就业体制的市场化，行业人才能否实现有效供给，需要经受市场的考验。因此，在整个高等教育人才培养过程中，人才的供给量由政府主导，人才的供给质量受政府资源配置的制约，而人才的实际需求量和需求结构却由经济发展水平和市场形势决定，高等教育体制呈现出明显的"半计划半市场"的双轨制特征（杨林玉，等，2016）。在计划和市场双重体制因素的制约下，人才的供需矛盾和均衡方式也更为复杂化。

尤其是自1998年以来，在高等教育体制改革的背景下，高校的扩招成为一大趋势，煤炭行业划转院校也随之不断增加学科专业、扩大招生规模。而这种状态下的扩招对于多数煤炭行业划转院校来说，并非随着其自身的发展演变而来，更多是政府政策鼓励和社会竞争、办学压力增大的被动行为（宋承祥，2004）。这种被动地扩大招生规模，在一定程度上加剧了煤炭行业划转院校在涉煤专业招生方面的盲目性。加之经过划归之后的煤炭行业划转院校失去了原有

的行业依托，教育资源主要由地方政府供给和配置，为拓展办学空间，提升办学效益，煤炭行业划转院校主动与地方区域经济发展相融合，由此造成煤炭行业划转院校原本以行业为服务中心所构建起来的学科特色及办学优势因为"区域"这一服务中心的出现而被弱化和稀释，行业人才培养质量因此受到制约。在人才供给是由政府主导、人才需求由行业市场决定的双轨制的高等教育体制下，难免会形成人才供需的错位和不对称。

三、教育因素：教育供需的特殊性加剧了人才供需状况的失衡

教育家吕叔湘先生曾经说过："教育近乎农业生产，绝非工业生产。"（叶至善，1986）高等教育的人才培养周期导致的人才供求状况的滞后性，可以用蛛网理论来进行解释。蛛网理论是 20 世纪 30 年代西方经济学界出现的一种动态均衡分析理论，它将市场均衡理论与弹性理论结合起来，再引进时间因素来考察市场价格和产量的变动状况，即用供求定理解释某些生产周期长的商品，以及在供求不平衡时所发生的价格和产量的循环影响和变动（王广斌，等，2003）。而行业院校的人才培养同样具有周期性，在制订招生计划时，只能依据上一期的就业率和当前的煤炭市场形势，来预测行业的潜在需求，确定当年的招生数量。蛛网理论强调的是供求均衡，即生产和需求的均衡。当一个均衡价格体系受到外力的干扰而偏离均衡点时，如果商品的供给弹性小于需求弹性，可以在市场机制的作用下回到原有的均衡点。如果商品的供给弹性大于需求弹性，则市场机制的调节无法使价格达到稳定均衡（王广斌，等，2003）。在煤炭行业市场波动带来的非均衡状态下，高校以现有的市场形势为标准，预期未来的就业率，往往赶不上市场变动的节奏。煤炭行业划转院校煤炭主干专业的学生经过四年的培养周期，才能走向市场，实现供给，由此造成过量的人才供给只能随着煤炭行业市场走势下滑而越来越偏离均衡点，可能会由此陷入一种"蛛网困境"。

第四节　解决煤炭行业工程技术人才供求失衡问题的对策建议

一、推进行业人才供给侧改革，实现教育改革与能源革命的同频共振

劳动力市场理论认为，产业结构的变化会引起就业结构的变化。在这种变化的过程中，如果劳动力的供给结构与需求结构不一致，就会出现某种劳动力需求过剩而其他劳动力需求不足的现象（黄泰岩，1993）。在经济发展新常态的大环境下，我国经济发展方式从规模速度型粗放增长转向质量效益型集约增长，一场能源革命势在必行。通过前面的数据分析可知，行业工程技术人才的失衡问题本质上既是结构性失衡，又是要素配置扭曲，同时还是有效供给不足。所以，煤炭行业划转院校应从提高供给质量出发，用深入推进综合改革的办法推进结构调整，矫正要素配置扭曲，增强工程技术人才供给的灵活性和有效性。煤炭行业划转院校更要密切关注行业的转型发展动态，把握行业人才需求结构动向，注重学生内在综合素质的提升。对于行业人才的供给侧改革，从科学的人才培养质量观的引导，到有针对性的人才培养方案的顶层设计，到煤炭主干学科及专业方向的交叉拓展，再到具体的教学实践改革，要统筹建构基于实践需求的应用创新型人才培养模式，从而实现教育改革与能源革命的同频共振。

二、引入第三方评价指导机制，消除信息不对称带来的"蛛网困境"

"蛛网困境"的形成在于市场形势的变动性以及市场反馈信息的滞后性和不流通性。划转之后煤炭行业院校失去了与原有行业的依托关系，导致对行业的发展形势和发展需求存在时空上的迟滞甚至误判。因此，要解决供求信息的迟滞性问题，可以通过引入中国煤炭工业协会等组织作为第三方，成立煤炭企

业与煤炭行业划转院校的合作联盟，构建以资源共享为基础的煤炭行业人才流通数据采集系统。中国煤炭工业协会等组织作为高校和企业的介入方和衔接点，在协调、管理各种共享数据信息的同时，运用自身的组织资源，邀请行业内的专家和学者对行业的发展情况进行统计分析，并做出权威性的行业发展形势的评估与预测。煤炭行业企业应在现有预测信息的基础上，不断更新各岗位的行业人才需求和标准。高校则要借助企业与行会组织的资源与反馈信息，及时调整自己的招生计划及人才培养方案。在高校、企业与行会组织三方的协同作用下，运用互联网和大数据处理技术，形成行业需求的投放和反馈平台、行业市场走势的权威预测和评估平台、高校人才培养咨询平台及人才输出的对接平台，从而促进构建趋于均衡的煤炭行业人才供需体系。

三、启动行业人才储备计划，发挥人才供求的蓄水池与调节阀的作用

就目前来看，煤炭企业的人才引进过程完全跟随行业经济的波动而大起大落。这种被动性和盲目性可能会导致煤炭企业的人力资源由此陷入管理和建设困境。基于此，煤炭企业可以通过启动行业人才储备计划，摆脱跳崖式的人才引进模式，将人才在企业实践中的培养周期与行业景气周期结合起来进行人才需求的预测，并由此决定人力资源引进的规模和进程，既要具备超前的眼光，预警行业下滑带来的人才需求紧缩，又要考虑人才培养的周期性，在行业萧条期仍要注重人力资源的储备。煤炭企业可以通过投入建设人才储备基金的方式，来保障企业内部人才的发展与建设。人才储备基金的注入阶段主要是煤炭企业效益好的时期，按照企业收益的比例有序注入。而人才储备基金的启用阶段则是煤炭企业运营状况不良的时期，主要用于人才的选拔、培训与激励。行业人才储备计划的启动能够起到蓄水池的作用，为煤炭企业提供缓冲和调节空间，使得行业的人才供应始终处于较为均衡的状态，有利于增强煤炭企业的风险防御能力。

第五章

煤炭行业人才教育培养结构及其优化

深入分析人才供求特征的呈现方式，可以发现我国煤炭行业人才供求关系主要呈现出两条发展主线：一个是人才供求数量的波动呈现出比较明晰的、具有阶段性的供求变化；另一个则是人才供求结构的变动是在社会发展、生产技术革新的时代背景下不断发展演变的，具有潜在性和深刻性。深入分析行业人才供求状况可以发现，结构性的失衡在一定程度上会对人才供求数量的变化产生潜在的影响，供求结构的错位可能会进一步引发结构性失业，高校人才培养结构的短视性与人才培养模式的固化，成为牵引行业人才供求失衡状态的重要引擎。

对于高校的人才培养来说，用人单位和高等院校之间的人才供需态势及未来走向，是制定高等教育发展战略、规划办学规模、优化办学结构的重要依据。本章针对当前行业工程技术人才的培养困境，以煤炭行业人才为例，以行业人才需求为出发点，试图引入"胜任素质"的概念，通过构建卓越矿业工程师的胜任素质模型，为高校行业人才培养结构优化提供重要的可供借鉴的标准。

第一节 我国煤炭行业相关人才培养现状探析

一、目前我国煤炭行业相关人才培养问题探析

受社会和经济发展、政治组织环境及高等教育自身等多种主客观因素的制

约，高校的人才供给与企业的人才需求之间、工程教育与工程实践之间不可避免地存在着矛盾（表5-1）。进入21世纪以来，随着大规模的现代化开采设备的引进和生产工艺的不断革新，以及国家在安全、低碳、环保等资源环境约束方面的政策引导，我国矿物资源的采掘逐渐向机械化、信息化、智能化和绿色开采方向发展。矿业工程师因此面临着在生产管理理念转变、生产环境的适应与调整、生产技术的钻研与创新、效益与安全的利益平衡、组织管理能力及合作沟通水平的提升等方面的蜕变与突破。尤其是自2011年下半年开始，煤炭行业进入新一轮的低迷期，煤炭价格和行业利润大幅缩水，市场供大于求的问题突出，市场竞争加剧。煤炭行业面临着由高强度资源投入型、劳动密集型发展向资源节约型、人才技术密集型转变的挑战。

表 5-1　工程教育与工程实践之间矛盾的表现

矛盾表现	工程教育	工程实践
供给与需求	●培养的专门性 ●教学的稳定性 ●规格的单一性	●需求本身的学科广泛性 ●社会的可变性 ●需求的多样性
人才培养目的与方式	●目的就是培养人才，提升学生的知识素养和综合素质，培养和锻炼能力 ●注重理论的推演，追究为什么	●目的是获得效益，重在对学生知识与能力的利用，偏向考验能力 ●注重现场的实践操作，强调怎么做
学生角色	●主要以知识与能力的输入为主，而且输入和输出转换的周期比较长 ●学业属于学生个人，学生角色相对主动，自主性和个人意识比较强	●主要以自身技能与劳动的输出为主，偏重实践，输入和输出的结合度更高，转换的频率也更快 ●职业本身隶属于企业组织，多需要配合与服从，个人相对处于被动地位

为深入了解目前我国高校煤炭行业人才的培养质量，通过相关行业从业人员的反馈，挖掘目前人才培养存在的深层次问题，课题组深入目前国内的某大型国有煤炭企业进行深入访谈调研，共访谈30位该企业的从事相关技术工作的毕业生和技术主管，运用质性研究软件Nvivo8对访谈文本进行主题分析，提炼出关于人才培养模式评价的主题（表5-2）。

表 5-2　矿业工程师对目前高校人才培养的评价

主题		归于工程教育存在问题的矿业工程师认知及行为表现述例
工程教育过程	教学	●院校的课本比实际先进性的东西落后 5~10 年。我们掌握的是比较先进的东西。(2014-08-A23) ●当时上专业课的时候，我们这个老师说你翻一下前面咱们这本书是哪一年编的，20 年前的，已经落伍了。(2014-07-A10) ●现在国内的教材不能说是很老吧，但至少还是五六年前用的设备，包括设备的运行状况、原理，尤其是原理还停留在五六年前的水平。(2014-07-A03) ●老师讲那些东西可以说还是纯理论的东西。就是课本，这个东西怎么过来的，推导出来。实际上是这个情况吗？不是这个情况。(2014-07-A18) ●我觉得高校的专业实践的东西还是比较少，还是填鸭式的教育。老师还是按部就班地讲，跟我们 20 世纪 90 年代学习的一样，学煤矿机电，考几个题，画画重点，大家考试都过，还是这种教育方法。(2014-07-A03) ●现在实验室都给研究生了。很多本科生连自己本专业的实验室是做啥的都不知道。(2014-07-A10) ●煤为什么要这么割啊，因为工人不好操作啊，很简单的道理。但是没去过现场的（老师）就会分析这个煤是咋回事，这个设备是咋回事。(2014-07-A10)
	实习	●我那时候实习想的也是怎么把实习混过去。我想这是学生的通病。在实习过程中也好，在学习过程中也好，对测量工作的本质没有做一些深入的考虑。(2014-07-A18) ●我之前实习过，在太原的一个煤矿，实习 10 天，肯定是走马观花，并不让你下，井口都不让你去。因为老师把你带出来，如果手被刮刮碰碰，老师都要负责任的，所以没啥收获。(2014-08-A27) ●现在院校很缺乏的就是咱们和院校结合起来，使院校毕业生很快适应。不然两三年肯定过不来。(2014-07-A12)
工程教育质量	教育内容的实用性	●学校学的专业东西都有用，可能不管什么时候就会碰到。但是学校现在光教授专业知识，不培养人的性格，不塑造人格，不培养学生的凝聚力。最简单的例子就是上级下命令，下级服从。(2014-08-A24) ●那肯定是有点用。就像采煤设计，支架、顶板这些公式，一个工作面需要安装多少支架有可能能用到。有可能人们以前不知道，就是套用以前的公式。现在我就知道原理，知道用公式怎么算，还有怎么优化设计方案这些。大学里学的知识多少能用得上一些。(2014-08-A25) ●我学的是地下建筑工程。在煤矿方面，主要是关于矿建方面的，跟咱们公司的工作是对口的。还有一些辅助的课，如地下建筑施工、结构工程、力学，感觉在日常的工作中都能用到。(2014-08-A28) ●大学里学习的有用知识并不是很多，更多的是一种方法、一种思维方法、一种工作方法。这种思维方法就是要思考遇到问题不会了该怎么办。(2014-07-A18) ●有些东西还是有用的。具体涉及的与矿井设计相关的知识还是比较深的。其实大学里要学的东西，还是学习能力，尤其是要锻炼自学能力。(2014-08-A22) ●一些基础知识在大学学过，其他都是在煤矿的生产实践中学习的。一些空话和空的理论其实并不怎么实用。你只有到井下了解实际情况，才有发言权。(2014-07-A07) ●像我们去一线的，学的东西用的程度不大，一线最多的还是需要经验。就是说有时候有些情况你想不到。(2014-07-A06) ●我觉得在大学里学的东西没用。我觉得在书本上学 10 天，不如在现场待一天，就是这种感觉。(2014-07-A19) ●我觉得从学校这个培养体系来说，在理论水平的培养上做得比较多，现在来说，这是一个普遍的问题，就是在现场实践上存在不足。(2014-07-A12) ●我当初毕业以后都不知道测量是干啥的。当时在学校学测量专业，每门课也学了。不知道现场哪个地方用测量，怎么去做，对于这一块是根本不知道的。从参加工作开始，才逐渐了解测量工作的本质。那时候对测量确实没有概念。(2014-07-A18) ●我学的是地质工程，毕业也不知道干啥，我以为我会去地质队，跟他们跑野外，住帐篷。后来正好有单位去我们那里招生。(2014-07-A07)

主题		归于工程教育存在问题的矿业工程师认知及行为表现述例
工程教育质量	毕业生的实践能力	●来我们单位的那两名大学生，一个是"211工程"高校的，另一个是高职院校的，虽然以前也是学机电相关专业的，但是进来之后还是需要适应很长时间，而且他们不愿意努力去摸索。(2014-07-A08) ●自己的专业知识，你学了，还都是空中楼阁，没亲身经历过。想上手，必须手把手地教，刚毕业出来估计不行。(2014-07-A01) ●工作环境与预想的有点偏差。第一次下井的时候就感觉挺恐怖的。(2014-08-A29) ●刚来的时候什么都不懂，干什么工作都畏手畏尾的，就害怕什么事给干错了，怕挨训、挨罚。(2014-08-A28) ●有些新毕业生来了之后，想法特别奇特，不能说不叫方案，甚至它的方向非常非常好，但是缺乏一些基础的东西做铺垫、做支撑，那么你的方案让别人一听，就不像那么回事。(2014-07-A02) ●大学生刚毕业就进入煤矿，就走上管理岗，没有井下的实践经验，不知道井下的设备如何操作、很多的规章制度到底适不适用，与生产实践环节脱节。(2014-07-A10)
	毕业生的职业态度	●年轻人的心理承受能力和自我调节能力比较差，一遇到点困难，他会气馁。无意中的想法就可能把一生都断送了。(2014-07-A12) ●现在的年轻人有些浮躁，包括心理上有一种向上看的心态，容易看几年规划。说几年规划倒也是一种比较向上的态度，但是我觉得这种向上的态度是基于对环境有一种客观的评价之后，有这种想法是非常好的，但是要是脱离了客观环境的话，可能就有点好高骛远了。(2014-07-A18) ●技术工作比较烦琐，一般人不愿意干。图纸啊、规程啊，这些东西比较多。尤其是现在的年轻人不愿意干这个行当，干了两三年就转行了。(2014-07-A03) ●我估计你问每一个煤矿工人，他们都不喜欢干这样的工作。要么就是老一辈，子承父业那种的，要么就是我们这样的，大学刚毕业，初生牛犊不怕虎。来了之后反正干啥也是干。现在没有比这更好的出路。人嘛，慢慢就没有那个激情了，慢慢就习惯这样的生活了。(2014-07-A07) ●说实话，我就不喜欢煤炭这个行业，但是你只能干一行爱一行，不能说是爱 行干一行。即使不喜欢，你也只能强迫自己喜欢，毕竟这是饭碗。(2014-08-A27) ●我一开始工作的时候没有职业规划，没有目标，很多人存在这样的问题，就想着有工作能挣钱。除非说找到自己喜欢的工作，很多人都是被动地选择职业，就是为了能够进入社会，能够自力更生。(2014-07-A13)

注：每一个述例都附上被访者的编码，如2014-07-A13，主要是指2014年7月进行调研，A13是指被访者的编码，"A"则是为了与日期区分

从调研反馈来看，高校人才培养过程主要存在着教学内容过于单一和理论化、课程教材更新慢、教学资源不均衡，以及实习活动追求数量并不注重过程的管理、学生的收获甚微等问题。从人才培养质量来看，多数学生对学校所教授的专业知识比较认可，尤其是涉及煤矿生产与安全方面的理论知识，但是在人文素养方面知识的涉猎，以及团队意识、适应能力、心理素质等方面能力的塑造上，还存在较大的欠缺。也有部分人认为学生在学校学到的有用东西中，有形的知识比较少，更多的是一种学习的能力和思维方式与方法。从毕业生的实践能力来看，毕业生普遍缺乏实践经验，需要经过一段时间的过渡才能适应并上手。很多毕业生存在缺乏吃苦耐劳的毅力，心理承受能力和自我调节能力

差，比较趋于功利化，以及缺乏踏实肯干的态度等问题。在职业认同与规划方面，很多人表示，由于选择的限制及生存等原因，被迫选择煤炭行业。这种被迫性也影响了其工作的激情及对未来职业的规划。

要解决工程教育与工程实践之间的矛盾，有必要了解相关行业对人才的需求标准，成为一名卓越矿业工程师所需要具备的素质，进而为高校相关人才的培养目标及模式完善提供借鉴。

二、关于工程师胜任力问题的研究现状

自哈佛大学心理学教授麦克利兰在《测量胜任素质而不是智力》（McClelland，1973）一文中提出"胜任素质"的概念以来，关于胜任素质的研究已经取得了大量的理论和实证研究成果。围绕工程师胜任素质，国外的研究起步较早，已经形成了部分较有影响力的工程师胜任素质模型。就目前来看，国内外关于工程师胜任素质模型在工程教育中的应用主要集中在三个方面。

（一）工程教育专业认证机构所建构的工程师胜任素质标准

工程教育专业认证在欧美国家已具有相当长的历史。工程教育专业认证机构通过建立一系列的认证标准来对工程教育项目和专业进行认证与评估，而工程师胜任素质标准则成为工程类专业学生培养的目标和要求。其中，比较有代表性的是美国工程和技术鉴定委员会（Accreditation Board for Engineering and Technology，ABET）和欧洲工程教育认证网络（European Network for the Accreditation of Engineering Education，ENAEE）。1997 年，美国工程和技术鉴定委员会颁布的《工程准则 2000》中，确定了工程师的胜任素质模型，提出工程类专业毕业生应该具备数学、自然科学和工程科学知识的应用能力，对职业道德和社会责任的认知，有效的人际交流能力，足以认识工程对世界和社会的影响，对于终身教育的正确认识和学习能力等 11 个方面的素质要求。欧洲工程教育认证网络则在 2008 年公布了工程专业人才培养认定的标准与指南，在由欧洲议会及其委员会推荐成立的欧洲高等教育区的认证框架下，认为工程专业本科生及硕士研究生学位培养应该涉及知识和理解力、工程分析、工程设计、

调查、工程实践、做出判断、交流与团队合作和终身学习八个方面。此外，澳大利亚工程师协会（Engineers Australia，EA）、南非工程委员会（Engineering Council of South Africa，ECSA）等也都提出了工程师应该具备的素质标准。从我国来看，目前尚未建立独立的第三方认证机构进行认证标准的界定。

（二）从行业需求角度研究工程师胜任素质模型的建构

Male 等（2011）运用问卷法对 300 位具有 5~20 年工作经历、持有证书至少四年的成熟工程师进行了研究，通过主轴因素分析，得出交流沟通、职业精神、创造性与问题解决、技术理论的应用等 11 项胜任力素质。这项研究成为澳大利亚第一个以所有工程类学科的成熟工程师为调研对象的定量研究。李曼丽等（2014）则运用行为事件访谈法对我国电力行业某国家重大工程项目中的 20 位工程师进行了深入访谈，在对访谈文本进行质性分析的基础上，形成了卓越工程师的胜任力素质模型，包括"鉴别性胜任素质"和"基准性胜任素质"两个维度共 13 项胜任素质。总结国内外关于工程师胜任素质模型的建构，建构方法主要包括行为事件访谈法和问卷调研法，组成内容则主要涉及专业技能、团队合作、沟通交流、学习能力、管理和领导他人、解决问题的能力等素质要素（Spinks，et al.，2006；Turley，et al.，1995；Hazim，et al.，2010；Kudngaongarm，et al.，2012；赵西萍，等，2007；曾珠，等，2014）。

（三）工程师胜任素质模型在教学设计与评价中的应用

将工程师胜任素质模型应用于具体教学的设计与评价之中成为重要的应用视角。Woollacott（2009）将工程师胜任力分类法作为验证工具对 CDIO（Conceive-Design-Implement-Operate，构思—设计—实施—运行）关于工程教育的教学大纲进行验证。他借鉴南非威特沃特斯兰德大学化工与冶金工程学院开发的工程师胜任力分类方法，将分类方法包含的 166 项胜任力分类的目标语句与包含 285 项内容的教学大纲进行对比，并评价后者对前者的体现程度，由此对教学大纲的完善提出针对性的意见。Kyoung 等（2015）则从情境胜任力的角度，对来自美国 31 所四年制大学的 120 个工程项目进行了调研，5249 名学生及 1403

名校友参与调研，由此为本科工程类专业学生胜任素质的测量与评价提供了一个相对简单、省力的测量工具。

通过文献的梳理发现，国外工程师胜任素质在工程教育中的运用已经较为普遍和成熟。相较而言，我国工程师胜任素质的研究多由个人或是少数的研究机构进行的小范围的、针对性比较强的、注重实用性的研究，研究还停留在散点式的、碎片式的研究状态，缺少全国范围内的大规模的实证研究，缺乏体系化、权威性的研究思路与框架设计。另外，将工程师胜任素质引入工程教育的研究也较为缺乏。

第二节　卓越矿业工程师胜任素质理论模型的构建

一、基本概念界定

（一）胜任素质及其模型

1. 胜任素质的概念

西方学者在研究胜任素质时，主要用"competence"和"competency"来表示。部分学者认为两者在含义上有差异：competence 主要是对工作任务的描述，competency 是指与优异绩效有因果关系的行为和心理方面的属性（Vazirani，2010）。但是也有学者将二者等同使用，例如，McClelland 和 Spencer 都在研究中将二者等同使用（McClelland，1973；Spencer，et al.，1993）。从国内的翻译来看，出现了"胜任素质""胜任力""胜任特质""能力""才能""资质""受雇佣能力"等多个版本。例如，彭剑锋等（2003）在《员工素质模型设计》一书中将其译作"素质"，魏梅金在其翻译出版的《才能评鉴法：建立卓越绩效的模式》一书中，则将"competence"译作才能。但最为普遍的是使用胜任力、胜任素质和胜任特征三个版本，本章则主要使用"胜任素质"。

　　对胜任素质的概念有多种解释，但尚未形成统一的界定。其中有代表性的主要有以下几种：McClelland（1973）认为所谓的胜任素质是指与工作绩效或生活中其他重要成果相似或相联系的知识、技能、能力、特质或动机。Boyatzis 把胜任素质界定为一个人具有的导致在一个工作岗位上取得出色业绩的潜在特征，这种个体的潜在特征，可能是动机、特质、技能、自我形象或社会角色或者知识（Boyatzis，1982）。Spencer 等（1993）认为，胜任素质是指与有效或出色的工作绩效相关的个人潜在的特征，主要包含知识、技能、自我概念、特质和动机五个层面。1994 年，Spencer 夫妇与 McClelland 对胜任素质进行了新的界定，认为它是指能将绩效优秀者与绩效一般者区分开来的、能够通过可信的方式度量出来的动机、特性、自我概念、态度、价值观、知识、可识别的行为技能和个人特质（Spencer, et al.，1994）。1997 年 12 月，经济合作与发展组织（Organization for Economic Cooperation and Development，OECD）启动了"胜任素质的界定与遴选：理论和概念基础"项目。该项目试图在国际和跨学科的背景下，通过与科学界的密切合作，共同开展素养的界定、概念化和测量研究，为现有的和未来的素养相关研究项目提供基本的理论和概念参照框架。该项目从功能论的视角，认为核心胜任素质是一个动态和整合的概念：是能够应对复杂要求的能力，是能够满足要求、成功开展工作的能力；是一个比知识和技能更为宽泛的概念；是相关知识、认知技能、态度、价值观和情绪的集合体，并涵盖了稳定的特质、学习结果、信念—价值系统、习惯和其他心理特征；是基于行动和情境导向的。Hoffman（1999）则从输入和输出的角度对胜任素质进行了释义，认为胜任素质一是指输出，即胜任素质的绩效表现，二则是指输入，是指潜在的特质，需要去获得可胜任的绩效表现。更具体地说，胜任素质被定义为可观测的绩效表现，是个人绩效表现的质量和标准或者一个人潜在的特质。王重鸣等（2002）认为胜任素质是指导致高管理绩效的知识、技能、能力及价值观、个性、动机等特征。王重鸣教授等的这一概念仅是对管理胜任素质的界定，存在一定的局限性。彭剑锋等（2003）认为胜任素质是驱动员工产生优秀工作绩效的各种个性特征的集合，它反映的是可以通过不同方式表现出来的员工的知识、技能、个性与内驱力等。其中应用最为广泛的是 Spencer 夫妇和 McClelland

在 1994 年提出的概念。这一概念概括了胜任素质的用途，即与引起或预测优劣绩效存在因果联系；强调了深层次特征的挖掘，这种深层次特征是人格中深层和持久的部分，具有跨情景和跨时间的稳定性，并能预测多种情景及工作中人的行为；突出了参照效标的重要性，即衡量某特征品质、预测现实情境中工作优劣的效度标准（刘泽文，等，2009）。本章主要引用这一概念对胜任素质进行界定。

2. 胜任素质模型的概念

胜任素质模型（competency model）是指为完成某项工作，达成某一绩效目标所要求的一系列不同素质要素的组合，包括不同的动机表现、个性与品质要求、自我形象与社会角色特征及知识与技能水平。通过员工胜任素质模型可以判断并发现导致员工绩效好坏差异的关键驱动因素，从而成为改进与提高绩效的基点。胜任素质模型主要包括三个要素，即胜任素质的名称、各胜任素质的定义、每个胜任素质的典型行为描述（时勘，2009）。

目前，较为著名的胜任素质模型主要有冰山模型和洋葱模型两种。冰山模型是 Spencer 夫妇于 1993 年提出的，该模型主要包含动机、特质、自我概念特征、知识和技能五个层面（Spencer，et al.，1993）。其中，知识和技能作为冰山水面以上的部分，易于被感知，也最容易改变，而潜藏于水面以下的部分即通常所指的"潜能"，不易被挖掘和感知，也最难改变和发展。从上到下的深度不同，则表示各个层面的胜任素质被挖掘和感知的难易程度不同。Boyatzis 则在 McClelland 的胜任素质理论发展的基础上，提出洋葱模型。洋葱模型是从另一个角度对冰山模型的解释，它把胜任素质呈现为由内向外的洋葱结构，由外层到内层，由表及里，层层深入，最表层是知识和技能，依次是态度及价值观、自我概念，最里层（核心）是特质与动机（Boyatzis，1982）。

（二）矿业工程师的界定

1. 工程师的概念

美国国家科学基金会（National Science Foundation，NSF）对工程师的描述是：当科学家试图发现未知世界的时候，工程师正在应用基础科学设计、开发新的工具和系统，来解决人类社会所面临的问题（廖娟，等，2011）。工程师缩小了人类所能想象到的与应用自然法则所能实现的二者之间的差距。这与著名核物理学家冯·卡门关于"科学是探索世界的本源，而工程师则是创造世界上没有的东西"的论述十分相似。法国教育部工程师职衔委员会在关于职能的表述中，对工程师职业做出了如下定义：工程师能够提出并出色而具有创新性地解决有关产品、系统、服务甚至是资金及商业化竞争机制中出现的发明、设计、生产和实施等复杂问题（熊璋，等，2012）。中国工程院原常务副院长朱高峰院士认为工程师是能熟练掌握一定范围内的工程技术，并带领相关人员从事实践活动，进而取得成果的专门人才。浙江大学王沛民教授等也认为工程师是指那些具有坚实的数学、自然科学和工程科学基础，能够把工程原理和超出技术范畴的经济、社会、法律、艺术、环境和伦理等问题结合起来，从而去创造还没有的人工物来为人类服务的那样一些人（王沛民，等，2001）。而余寿文等（2004）则从工程师的职能出发，认为现代工程师的内涵已经超出 20 世纪五六十年代设计工程师、工艺工程师的狭窄范围，向着"大工程""系统工程"方向发展。以上的论述多数是从广义的角度界定工程师的概念。而从狭义上来讲，较为普遍的界定认为工程师是指具有工程师职业资质或是工程师职称，从事专业范畴的工作的专业人才（黄绍平，等，2011）。广义的工程师概念不仅仅从个体出发，而是从岗位或者职能出发，因而被更为广泛地应用于实际工程实践中。

从卓越工程师的界定来看，Turley 等（1995）认为卓越工程师可以通过与外部互动的行为来鉴别。卓越工程师在保持全局观念、偏好行动、受使命感驱动、展示和表达强烈的信念、在管理中扮演前瞻性的角色及帮助他人等方面比一般工程师更出色。王世斌等（2011）认为卓越工程师不是普通的工程技术人员，而是必须兼具科学家和工程师双重品质的高级人才，同时也是工程人才中最有能力、最具竞争力和最高端的人才。他们既有科学家的探索精神，又有工程师的创造力；既能够认识和发现世界，又能够创造和改变世界；既善于独立钻研，又善于与团队合作；既能够立足本地区本行业，又能够具备战略眼光和全球视野；既有过硬的个人素质和行动能力，又有较高的组织领导能力；既有强烈的接受性，又有敏锐的批判性。李培根（2011）则从工程师素质和职业素养的角度，就工程师何以卓越的问题展开了论述，并认为卓越工程师一定要有很强的创新能力，还需要有人文情怀、科学素养、多学科视野、文化交流和沟通能力及团队协作能力。李曼丽等（2014）则从胜任素质的角度，认为卓越工程师特指那些在知识、技能、动机、自我概念、特质等各个方面能够胜任目前所从事的工程技术工作，且具有优秀工作绩效的工程技术人员。笔者比较认同李曼丽等从胜任素质角度进行的界定。

2. 矿业工程师的概念

目前，我国在工程师类型的划分上尚缺乏官方或其他权威机构的界定。与工程师的使用、管理和培养相对应的工业企业界、行业协会和工程教育界对工程师类型的认识与理解存在着差异。目前，我国工程师系列采用的专业技术职称体系按照初、中、高三个级别对工程师的等级进行划分，主要分为技术员、助理工程师、工程师、高级工程师和教授级高级工程师五个层次（林健，2010）。从学者的有关界定来看，多是从工程师的职责范围或是技术领域进行界定。例如，罗福午（2000）在《关于工程师的素质培养》一文中认为，按职责范围工程师可分为研究、开发、设计、制造、试验、生产运行、营销、工业管理及教育诸方面的工程师；而按类型则可分为技术实施型、研究开发型、工程管理型及其他（教育、咨询等）。王沛民等（1994）则认为按传统的专门技术领域划分，工程师主要分为建筑师、城市规划师、土木工程师、电气和电子工程师、机械工程师、化学工程师、冶金工程师、采矿工程师、企业管理工程师及食品工程师等。林健（2010）则综合了工程的周期性、工程师成长的阶段性、高等教育的层次性等因素，将工程师分为服务工程师、生产工程师、设计工程师和研发工程师四种类型。

本章所研究的矿业工程师则主要从专业技术领域进行界定，即从业于地矿类行业的专业技术人员的统称。从类型来看，主要包含两种工程师：一种是只专注于技术工作，从事与井下设计、生产、安全等相关的技术管理、指导与监督工作；另一种则是在从事技术领域工作的同时，兼任领导职务，负责多个环节、系统的组织管理、判断决策及规划评估工作。前者接触的是某一个生产环节或构造，更关注现场的实际生产细节和流程，以及现场问题的具体处理方式，专注于一个点，从较微观的层次进行钻研，讲究"专"；而后者多接触的是整个矿井、盘区或是工作面，是一个系统的规划与设计，以及重大事故问题解决方案的设计与决策，关注的是一个面，从宏观的角度去把握和管理，讲究"理"，即理念、原理和管理。卓越矿业工程师则是指相较于一般矿业工程师，在知识、技能、动机、自我概念及个人特质等方面表现出更高的胜任素质与绩效的高级工程技术人员。本章主要以煤炭行业为例，所指的矿业工程师涵盖了采、掘、机、运、通五大工种的包括采掘工程师、机电工程师、安全工程师、地质工程师等在内的从事井下岗位工作的技术人员。

二、基于卓越矿业工程师胜任素质的岗位要求分析

对卓越矿业工程师胜任素质的岗位要求的分析，主要从以任务为导向和以人为导向两个方面展开。首先，以任务为导向来看，工程师主要从事项目与流程的实施、应用、设计、开发和管理等相关的工程工作（Nguyen，1998）。对于矿业工程师来说，根据所在的岗位不同，其主要从事与煤炭生产及安全相关的项目和生产环节的设计、开发、实施、应用和管理。具体来说，矿业工程师需要参与涉及煤矿水文、地质的勘探，矿山建设的规划与设计，矿山基建，包含掘进、采煤、运输、机电等方面的煤矿投产过程，与生产安全相关的"一通三防"（通风、防尘、防瓦斯和防火）等煤炭生产技术、生产安全与生产管理的多个环节与系统的工程工作。而在整个煤炭生产系统中，开采的工序与工艺会涉及多个学科领域的知识。美国工程和技术鉴定委员会在采矿工程专业的专业准则里曾提出毕业生必须具备基于微积分的数学、物理知识，普通化学及应用于解决采矿工程问题的概率论和数理、统计知识；掌握地质科学的基础知识，包括矿床特征、物理地质、结构或工程地质及矿物和岩石的识别与属性；精通动力学、力学、材料力学、流体力学、热力学、电路等方面的知识；精通与工程有关的地面和地下开采，包括采矿方法、规划与设计、地面控制、岩石力学及健康与安全等方面的知识。而对于这些专业领域知识的掌握，也成为矿业工程

师能够胜任技术工作的基础。除此之外，编写与监督实施技术规程、措施，提交各种生产报表，提供技术咨询与指导等涉及技术规范与管理方面的工作，也成为矿业工程师技术工作的重要组成部分。由于煤炭行业从事井下生产的特殊性，面对地质条件复杂、危险系数高、安全隐患多、生产问题甚至事故发生频率高等复杂多变的生产环境，要实现矿井的安全、有序开采，无论是井下一线的工程实践，还是技术的规范与管理过程，在对突发问题的分析、解决能力，对安全隐患的敏感意识、对实践经验的积累能力、对技术的改进与创新及对生产标准与规范的恪守等方面，都对矿业工程师都提出了很高的要求。

随着煤炭行业竞争的加剧及产业的转型发展，促使煤炭企业更加注重煤炭生产的效益。如果以效益为导向，对矿业工程师在设计优化、技术创新、组织管理等方面的综合素质和能力的要求也更为迫切。一是通过工程师设计的优化，减少不必要的生产浪费，这需要工程师具备一定的设计技能，以及在设计过程中具备全局性和前瞻性，从而保证生产设计的科学性、经济性与实用性。二是技术工艺与生产设备的更新，这需要工程师具备一定的创造性思维和钻研能力，通过各种渠道加强学习，提升自身的业务素质。三是通过高效的组织管理，有效加强生产过程中各个系统、工种之间的配合，以及上级领导的统筹决策与基层工人具体实施之间的协调。因此，具备一定的组织管理能力和沟通协调能力，对工程师来说同样重要。

其次，如果以人为导向，从矿业工程师对环境的适应与监测来看，井下生产环境的艰苦性，要求矿业工程师首先要具备一定的适应能力和韧性，保持踏实肯干的态度；井下一个班至少需要工作 8 个小时，长时间在黑暗、阴湿的环境中工作，要具有较好的身体素质；井下生产环境的危险性，则需要矿业工程师在现场的实践操作中，必须具备较强的职业责任感，严格遵守并监督他人遵守井下的生产流程和规章制度；煤炭生产过程环节众多，地质条件、人员的工作状态等各种主客观因素均存在复杂性和不确定性，稍有不慎就可能会导致事故的发生，因此矿业工程师要具备一定的职业敏感性，善于观察和发现井下生产过程中存在的安全隐患，当出现生产问题或事故时，需要冷静面对，及时上报，在时间上掌握主动权，并根据现场实际，进行团队合作，凝聚团队的智慧，共同探讨可行的方案。

三、备选胜任素质要素库的构建

（一）关于现有工程师胜任素质模型的文献分析

首先是对工程师胜任素质要素进行归纳整理。由于所从事的领域不同，工程师所具备的胜任素质会存在一定差异，但从其工作性质的相似性来看，某些胜任素质具有通用性。以往研究中建构的胜任素质模型多通过一定的研究方法获得，并经过一定的验证性分析，具有较好的信度和效度。通过对国内外文献的整理，笔者提炼出出现频率较高的工程师胜任素质要素共 28 项，并总结归纳各胜任素质要素的定义，构成备选胜任素质要素库（表 5-3），以作为关键事件访谈文本的编码依据，并可以为调研问卷的拟定提供参考。

表 5-3　备选胜任素质要素库

序号	胜任素质	文献来源	概念释义
1	学习能力	ENAEE（2008）；ABET（2009）；Turley 等（1995）；Nguyen（1998）；EA（2005）；Leiper 等（1999）	具有对终身学习的正确认识和学习能力，并通过用过去经验指导未来的行为，不断从过去的实践中汲取经验教训，恰当模仿他人成果的方法等，从而获得有利于未来发展的能力
2	问题解决能力	EA（2005）；ABET（2009）；Duncan（1992）；Turley 等（1995）；Nguyen（1998）；Robinson 等（2005）；Ro 等（2015）	通过提出合适的问题或通过审查相关文件来确定问题的性质，确定问题可能产生的原因，并采取合理的步骤，及时地解决问题
3	专业知识	EA（2005）；ABET（2009）；Spencer 等（1993）；Turley 等（1995）；Robinson 等（2005）；Ro 等（2015）	对一系列与工作相关知识的精通了解，以及延伸、利用和传播工作相关知识并将其传递给别人的动机
4	实践操作能力	EA（2005）；ENAEE（2008）；Nguyen（1998）；Male 等（2011）；Kudngaongarm 等（2012）	在工程实践中运用各种技术、技能和现代工程工具的能力及其熟练程度
5	冲击与影响	Spencer 等（1993）；Turley 等（1995）	表现出劝诱、说服、影响或感动他人的意图，以赢得对话者的支持，或呈现出对于他人产生特定冲击或影响的渴望
6	分析思考	ABET（2009）；Duncan（1992）；Spencer 等（1993）；Nguyen（1998）；Turley 等（1995）；Leiper 等（1999）	指对事物或状况进行系统的了解、分析及比较，找出复杂情况中的关键或根本问题，确定相互间的因果关系与时间顺序
7	环境适应	Duncan（1992）；Spencer 等（1993）；Nguyen（1998）	具有适应不同环境、不同个性或不同人群，并有效工作的能力
8	主动性	Spencer 等（1993）；Duncan（1992）	重在采取行动，做出超乎工作预期和原有需要层级的努力，改善及增加效益，避免问题的发生或创造一些新的机会

续表

序号	胜任素质	文献来源	概念释义
9	责任意识	EA（2005）；ABET（2009）；Nguyen（1998）；Hazim 等（2010）；Male 等（2011）；Duncan（1992）	对工作内容、工作权利和职责有清晰而深刻的认识，了解自己所从事的工作对实现组织目标的重要性，并把实现组织的目标作为自己的目标
10	自信心	Spencer 等（1993）；Robinson 等（2005）；Duncan（1992）	一种对自己的观点、决定及相信自己有能力完成某项任务、解决某个问题的信念
11	团队合作	Spencer 等（1993）；ABET（2009）；EA（2005）；ENAEE（2008）；Turley 等（1995）；Hazim 等（2010）；Male 等（2011）；Duncan（1992）；Leiper 等（1999）	尊重人与人之间的差异，重视各种不同观点，与他人合作达到目标
12	团队领导	Spencer 等（1993）；EA（2005）；Male 等（2011）；Duncan（1992）；Leiper 等（1999）	担任团队或其他群体的领导者角色的意图，含有想要领导他人的意思
13	全局观念	Turley 等（1995）；Robinson 等（2005）；Duncan（1992）	从组织整体和长期的角度，进行决策、开展工作，保证企业健康发展
14	安全忧患意识	Kudngaongarm 等（2012）；ABET（2009）；Male 等（2011）；EANEE（2008）；Robinson 等（2005）	具有风险防范意识，通过努力与事先采取的多种措施而有效规避风险的能力
15	重视次序品质与精确	Spencer 等（1993）；Turley（1995）	重视次序，反映出降低环境不确定性的潜在动机
16	人际交流	Spencer 等（1993）；EA（2005）；ENAEE（2008）；Robinson 等（2005）；ABET（2009）；Turley 等（1995）；Nguyen（1998）；Hazim 等（2010）；Duncan（1992）；Leiper 等（1999）	公开、清晰、确定地展示信息，倾听他人意见并做出恰当的反应，请求他人的反馈，并及时提供反馈，并以此建立自己的人际网络
17	组织管理能力	EANEE（2005）；Nguyen（1998）；Kudngaongarm 等（2012）；Duncan（1992）；Leiper 等（1999）	指为实现组织目标而制订清晰详细的行动方案和组织工作的能力
18	资讯收集	Spencer 等（1993）；ENAEE（2005）	收集有关形势和问题方面的数据，浏览数据以弄清楚差异和先例，并从各种角度衡量数据
19	培养他人	Spencer 等（1993）；Turley 等（1995）	教导或协助他人的发展
20	判断决策	Robinson 等（2005）；ENAEE（2005）；Duncan（1992）；Leiper（1999）	评估备选方案可能带来的风险，根据手头掌握的数据得出结论，并为接下来的行动负责
21	规划评估	Robinson（2005）；Turley等（1995）；Hazim 等（2010）；Duncan（1992）	为个人或组织制订比较全面且长远的发展计划，是对未来整体性、长期性、基本性问题的思考和考量，从而为未来设计整套行动方案
22	职业兴趣	Turley等（1995）；Hazim 等（2010）；EA（2005）；Male（2011）；Duncan（1992）	由对专业的喜好所展现出来的对工作的热情和工作的创造力，继而发展成为一种职业志趣
23	创新能力	Turley（1995）；Leiper（1999）；EA（2005）	创造或引进新观念、方式提高工作绩效的能力
24	设计技能	ABET（2009）；ENAEE（2005）；Plonka（1994）；Nguyen（1998）；Hazim 等（2010）；Kudngaongarm 等（2012）；Ro 等（2015）	根据需要设计一个系统、一个部件或一个过程的能力
25	国际化视野	ABET（2009）；Hazim 等（2010）；Nguyen（1998）；Plonka（1994）	具有一定的国际视野和跨文化环境下的交流、竞争与合作的初步能力
26	管理时间	Robinson 等（2005）；Nguyen（1998）；Duncan（1992）	具备一定的时间观念，包括工作的效率及对工作进度的有效把握

续表

序号	胜任素质	文献来源	概念释义
27	前瞻性	Turley 等（1995）	对可预见的事件做出应对准备的能力
28	自我控制	Spencer 等（1993）；Duncan（1992）	指人在遭受诱惑、阻力、敌意、压力时，保持冷静、抑制负面情绪及行动的能力

（二）我国卓越工程师教育培养计划通用标准分析

2013 年，《教育部 中国工程院关于印发〈卓越工程师教育培养计划通用标准〉的通知》发布，规定了卓越计划各类工程型人才培养应达到的基本要求，并成为制定行业标准和学校标准的宏观指导性标准。卓越矿业工程师胜任素质要求的界定应以此为基础和参照。《卓越工程师教育培养计划通用标准》（以本科层次为准）及隐含的胜任素质要素如表 5-4 所示。

表 5-4　我国《卓越工程师教育培养计划通用标准》所隐含的胜任素质因素

《卓越工程师教育培养计划通用标准》	胜任素质因素
1. 具有良好的工程职业道德、追求卓越的态度、爱国敬业和艰苦奋斗精神、较强的社会责任感和较好的人文素养	责任意识；吃苦耐劳；职业兴趣
2. 具有从事工程工作所需的相关数学、自然科学知识及一定的经济管理等人文社会科学知识	专业知识
3. 具有良好的质量、安全、效益、环境、职业健康和服务意识	注重次序、品质与精确；安全意识
4. 掌握扎实的工程基础知识和本专业的基本理论知识，了解生产工艺、设备与制造系统，了解本专业的发展现状和趋势	专业知识
5. 具有分析、提出方案并解决工程实际问题的能力，能够参与生产及运作系统的设计，并具有运行和维护能力	解决问题能力；工程实践能力
6. 具有较强的创新意识和进行产品开发和设计、技术改造与创新能力	创新能力
7. 具有信息获取和职业发展学习能力	资讯收集；学习能力
8. 了解本专业领域的技术标准及相关行业的政策、法律和法规	重视次序、品质和精确
9. 具有较好的组织管理能力、较强的交流沟通力、环境适应力和团队合作能力	组织管理能力；人际交流能力；环境适应能力；团队意识
10. 具有初步的应对危机与突发事件的能力	问题解决能力
11. 具有一定的国际视野和在跨文化环境下的交流、竞争与合作的能力	国际化视野

从对我国《卓越工程师教育培养计划通用标准》的分析来看，其所隐含的

胜任素质基本都包含在通过已有文献分析归纳得出的备选胜任素质要素库中。因此，我们将备选胜任素质要素库作为关键事件访谈文本编码的基本依据。

四、基于行为事件访谈的胜任素质分析

（一）选取访谈对象

我们选取了国内某大型煤矿集团公司下属的9家相关单位进行调研。采用判断抽样的方式，主要由人力资源管理部门负责人推荐，从综采、地测、通风、运输、技术等多个科室中，选择30位受过集团公司及以上表彰的优秀工程师，包括劳模、首席专家、首席工程师、突出贡献人才等作为访谈对象，因为其工作表现具有一定的突出性和代表性。

（二）访谈录音文本转录

我们将30位被访者的录音整理成文字，然后对访谈文本进行筛选，剔除不符合编码条件的文本。访谈材料筛选的标准如下：一是被访者能够清晰表达自己处理关键事件时的思想和行为；二是所描述的关键事件行为与煤炭生产及安全有关；三是至少完成三件关键事件的详细描述。

（三）运用Nvivo8进行文本编码分析

首先，将24份访谈文本进行编号后，导入质性研究软件Nvivo8中。其次，以建立的备选胜任素质要素库为依据，在反复审读文本并熟悉原始资料的内容后，开始对资料进行选择式编码。编码的标准是根据备选胜任素质要素库，辨别、区分被访者所谈及的关键事件中隐含的胜任素质。对于每一个新出现的胜任素质，都通过设置新节点的方式，并在特性的选项栏中对其进行命名和说明。最终主题分析共提炼出26项胜任特征（表5-5）。从频次统计看，学习能力、实践操作能力、吃苦耐劳、采矿安全相关专业知识、事故问题处理能力等对于矿业工程师来说是最为重要的胜任素质。

表 5-5 胜任素质在访谈文本中出现的频次统计

序号	胜任素质	材料来源	参考点	序号	胜任素质	材料来源	参考点
1	学习能力	23	84	14	自信心	19	38
2	实践操作能力	21	82	15	主动性	20	37
3	吃苦耐劳	20	66	16	钻研能力	17	37
4	采矿安全相关知识	20	62	17	组织管理能力	14	32
5	事故问题处理能力	20	61	18	资讯收集能力	17	28
6	团队意识	18	58	19	风险防范、识别与控制	12	27
7	分析思考能力	19	50	20	职业兴趣	16	26
8	环境适应能力	18	48	21	生产时间观念	10	21
9	冲击与影响	20	47	22	矿山生产规划评估	12	17
10	重视次序、品质与精确	19	47	23	培养他人	8	12
11	责任意识	15	42	24	行业前瞻性	5	13
12	人际交流	20	41	25	判断决策	8	13
13	创新能力	14	38	26	国际化视野	3	3

第三节 卓越矿业工程师胜任素质模型构建

一、调研问卷的设计及实施

（一）问卷试测

1. 初始问卷的开发

我们编制的《矿业工程师胜任素质测评初始问卷》共分为两个部分：第一部分统计包括年龄、文化程度、工作年限、工种、工程师级别等在内的矿业工程师基本信息；第二部分为矿业工程师胜任素质的行为描述项目。依照构建的矿业工程师胜任素质理论模型，我们将学习能力、吃苦耐劳、采矿安全相关知识等共26项胜任素质编入测量问卷中。选择备选胜任素质要素库和访谈文本中对矿业工程师胜任素质的行为描述作为测验项目，每个胜任素质设置1~3个题项，共 50 个题项，由此形成《矿业工程师胜任素质测评初始问卷》。问卷项目采取 Likert 量表五点记分，1 代表非常不符合，2 代表比较不符合，3 代表一般，4 代表比较符合，5 代表非常符合。

2. 初始问卷的发放与回收

选取大同煤矿集团有限责任公司的 60 名工程师进行《矿业工程师胜任素质测评问卷》的测验，取样时间为 2015 年 7 月，回收问卷 58 份，有效问卷 53 份，问卷有效率为 91%，无效问卷是由于填写信息不全造成的。问卷由大同煤矿集团有限责任公司的人力资源管理者统一组织填写，保证了问卷填写的有效性。

3. 初始测验问卷的数据分析

对获得的 53 份问卷进行信度分析，Cronbach's α 系数为 0.97。Nunnally 认为，Cronbach's α 系数大于 0.7 为最佳，说明本问卷整体具有较好的内部一致性。然后对《矿业工程师胜任素质测评初始问卷》包含的 50 个题项分别估算信度系数，具体结果见表 5-6。

表 5-6　调研问卷的信度分析

题项	项已删除的 Cronbach's α 值	题项	项已删除的 Cronbach's α 值	题项	项已删除的 Cronbach's α 值	题项	项已删除的 Cronbach's α 值
B1	0.969	B14	0.970	B27	0.969	B40	0.965
B2	0.969	B15	0.969	B28	0.969	B41	0.969
B3	0.970	B16	0.969	B29	0.970	B42	0.969
B4	0.969	B17	0.969	B30	0.969	B43	0.969
B5	0.969	B18	0.969	B31	0.969	B44	0.969
B6	0.970	B19	0.969	B32	0.970	B45	0.969
B7	0.970	B20	0.970	B33	0.968	B46	0.969
B8	0.970	B21	0.969	B34	0.969	B47	0.970
B9	0.970	B22	0.969	B35	0.969	B48	0.969
B10	0.969	B23	0.969	B36	0.969	B49	0.969
B11	0.969	B24	0.969	B37	0.969	B50	0.968
B12	0.969	B25	0.969	B38	0.969		
B13	0.969	B26	0.969	B39	0.969		

信度的判断标准包括该项目与构面的总相关与删除该项目后的 Cronbach's α 值两大部分。若该项目与构面的总相关与其他项目的差距过大（一般以该项目与构面的总相关小于 0.4 为标准），则考虑删除该项目；若删除该项目后，Cronbach's α 值明显提高（即能够提升量表的信度），则应考虑删除该项目，当以上两个条件都成立时，该项目应予以删除。从项目与校正的项总计相关性来看，除了第 3 题（0.299）、第 8 题（0.290）、第 14 题（0.289）、第 32 题（0.396），其他项目都大于 0.4。进一步检视 Cronbach's α 发现，若删除这 4 个题项，整体的 Cronbach's α 值没有明显的变化。因此，在对项目总相关与提升 Cronbach's α 值进行双重考虑下，还是决定不删除这 4 个题项，只是对其语句的表述方式进行修改。从每个题项的 Cronbach's α 值来看，都在 0.96 以上，显示该量表各题项的内部一致性程度相当高。

（二）正式问卷的施测

1. 正式问卷的编制

我们邀请长期在煤炭企业从业的人力资源管理者、技术专家及一线工程师对初始问卷进行了评价、筛选和修改。根据修改意见，对部分表述不清、不合实际、表面区分度较差的项目进行进一步的删改。同时，考虑到正式问卷将面向多个煤炭企业，规模较大，较难实现统一组织性，因此设置了测谎项目，测查被试的测谎倾向和社会赞许性，从而提升问卷的有效性。问卷设置了两个矛盾题项，同时借鉴明尼苏达多项人格测验（Minnesota multiphasic personality inventory，MMPI）测谎量表中的项目，确定 5 个测谎项目。最后确定正式的《矿业工程师胜任素质测评问卷》共有 53 个题项。

2. 正式问卷的发放与回收

在企业样本的选取上，正式问卷考虑到了以下问题：一是注重地域的多样化；二是近 5 年内有本科以上大学生入职；三是煤炭企业具备一定的规模与效益。我们采用方便随机抽样的原则，最终选取了神华集团、山西同煤集团、山西焦煤集团、山西晋煤集团、陕西煤业化工集团、皖北煤电集团、淮北矿业集团7家煤炭企业进行测试，共发放纸质问卷1000份，回收921份，回收率为92.1%。其中，有效问卷770份，问卷有效率为83.6%，剔除151份问卷。剔除原则包括三个方面：一是两道矛盾题项的答案相同；二是超过3题以上漏选、多选；三是整份问卷的答题选项雷同。

二、结果分析

先筛删除测谎量表总分超过平均分数一个标准差（14.40+2.225）的被试，共删除104名被试，剩余666名。以下的数据分析以保留下来的666名被试数据为基础。

（一）研究样本

研究样本的相关数据统计信息见表5-7。

表5-7　样本基本信息的描述性统计

基本信息	组别	频数	百分比/%	基本信息	组别	频数	百分比/%
年龄	25岁以下	46	6.9	主要工种	掘进	131	19.7
	26~35岁	453	68.0		采煤	151	22.7
	36~45岁	115	17.3		运输	57	8.5
	46~55岁	49	7.4		机电	132	19.8
	55岁以上	3	0.4		通风	91	13.7
文化程度	高中及以下	36	5.4		其他	104	15.6
	大专	171	25.7	工程师级别	技术员	127	19.1
	本科	423	63.5		助理工程师	313	47.0
	研究生及以上	36	5.4		工程师	187	28.1
工作年限	5年及以下	181	27.1		高级工程师	31	4.6
	6~15年	364	54.7		教授级工程师	8	1.2
	16~25年	84	12.6	获得奖励	是	219	32.9
	25~35年	32	4.8		否	447	67.1
	35年以上	5	0.8				

（二）项目分析

首先对正式问卷进行项目分析，以胜任素质评价总分与各个评价指标的相关性作为各项目的区分度。其中测谎题不计入，矛盾题项只留一项参与分析。为了提高问卷的同质性，剔除区分度小于 0.4 的题项，剔除 B8、B9、B22、B32、B35、B44、B50 共 7 个题项（表 5-8）。

表 5-8 《矿业工程师胜任素质测评问卷》相关分析结果

项目	B1	B2	B3	B4	B5	B6	B7	B8	B9	B11	B12	B13
相关系数	0.626	0.658	0.582	0.612	0.611	0.642	0.508	0.203	0.116	0.632	0.632	0.644
项目	B14	B15	B16	B17	B18	B19	B20	B21	B22	B24	B25	B26
相关系数	0.624	0.472	0.652	0.665	0.651	0.604	0.651	0.629	0.073	0.548	0.612	0.519
项目	B27	B28	B30	B31	B32	B33	B34	B35	B36	B38	B39	B40
相关系数	0.601	0.627	0.638	0.549	-0.044	0.615	0.604	0.189	0574	0.517	0.571	0.630
项目	B41	B42	B43	B44	B45	B46	B47	B48	B50	B51	B52	B53
相关系数	0.622	0.685	0.637	0.398	0.642	0.674	0.635	0.645	0.118	0.580	0.608	0.626

除了题项设置的原因，单从删除的 7 个题项所表现的胜任素质来看，也可能与矿业工程师实际的工作环境有关。B8、B9、B22、B32、B50 都是关于情绪控制和工作态度方面的行为描述。我们在实地调研中发现，由于煤矿工作环境的特殊性，部分矿业工程师在自我情绪控制、工作状态和职业认同等方面还存在欠缺。其中，不乏由于艰苦和单调的工作环境或是工作繁重无法过多顾及家庭等原因，而产生抱怨、沮丧等情绪，甚至有些人还存有转行的想法。而且很多矿业工程师在谈到职业兴趣时，往往强调干一行爱一行，而不是爱一行干一行，有些甚至并不喜欢，只是为了谋生、专业选择局限等原因选择煤炭行业。B35 是描述违章操作的行为。生产规范方面，在实际的生产中，矿业工程师所承担的技术监管、保障生产安全的职责往往会与追赶生产进度、完成生产任务之间产生一定的矛盾。许多矿业工程师表示为了完成生产任务，不会造成大的损害的违章操作时有发生。而这种生产安全与生产效率之间的矛盾，生产人员

对生产标准和规范的疏忽，为煤矿安全事故的发生埋下了隐患。B44 则是对国际化视野这一胜任素质的行为描述。在建构矿业工程师胜任素质理论模型时，我们曾对国际化视野进行过讨论。就目前来看，多数矿业工程师除在进口生产设备的组装与维护、少数工程项目合作等方面参与国际交流外，很少有机会参与国际性的合作，国际竞争更是仅隐藏在行业市场竞争尤其是生产链的末端即煤炭产品的营销中，因此这一胜任素质相对缺乏。问卷数据分析也验证了这一结论。经过删减，最后保留区分度较好的题项共 41 项。

（三）探索性因子分析

首先，将属于同一胜任素质的项目以取平均数的方式合并，统计形成 22 项胜任素质要素，主要对这 22 项胜任素质要素进行探索性因子分析。采取 Bartlett 球形检验和 KMO 检验来分析变量是否具有相关性，分析结果见表 5-9。其中，样本的 KMO 值为 0.972，表明问卷各个项目的相关程度无太大差异，Bartlett 球形检验的近似卡方值为 8493.577，显著性 $p = 0.000$，球形假设被拒绝，表明问卷各项目之间并非独立，取值是有效的。两个指标的分析结果都说明该样本适合进行因子分析。

表 5-9　KMO 和 Bartlett 的检验

检验		结果
KMO 值		0.972
Bartlett 的球形度检验	近似卡方	8493.577
	df	231
	p	0.000

我们主要采用主成分分析法和方差正交最大旋转的方法进行因子分析。因子提取的标准为特征值大于 1，因子提取数量不限定。利用 SPSS17.0 软件进行统计运算，从 22 个项目中抽取因素，其中特征值大于 1 的因子有 3 个，能解释总变异量的 60.022%（表 5-10，表 5-11）。

表 5-10　因素分析旋转前后解释的总方差

因子	初始特征值			提取平方和载入			旋转平方和载入		
	合计	方差百分比 %	累积百分比 /%	合计	方差百分比 /%	累积百分比 /%	合计	方差百分比 /%	累积百分比 /%
1	10.975	49.884	49.884	10.975	49.884	49.884	4.861	22.094	22.094
2	1.175	5.340	55.225	1.175	5.340	55.225	4.767	21.668	43.762
3	1.055	4.797	60.022	1.055	4.797	60.022	3.577	16.260	60.022

注：提取方法为主成分分析

表 5-11　旋转成分矩阵

胜任素质	成分		
	因子 1	因子 2	因子 3
规划评估	0.725		
培养他人	0.721		
判断决策	0.710		
资讯收集	0.678		
前瞻性	0.649		
人际交流	0.634		
组织管理能力	0.594		
冲击与影响	0.465		
钻研能力		0.751	
采矿安全相关知识		0.725	
创新能力		0.723	
分析思考能力		0.670	
实践操作能力		0.669	
事故问题处理能力		0.594	
风险防范、识别与控制		0.542	
重视次序、品质、精确		0.467	
责任意识			0.805
吃苦耐劳			0.642
生产时间观念			0.632
自信			0.527
团队意识			0.510
学习能力			0.488

注：提取方法为主成分分析；旋转在 5 次迭代后收敛

根据问卷项目的具体内容，对抽取的 3 个因子进行命名。第一个因子命名为社会性胜任力，主要包含规划评估、培养他人、判断决策、资讯收集能力、前瞻性、人际交流、组织管理能力、冲击与影响共 8 项胜任素质要素，贡献率为 22.094%。这一维度主要体现了矿业工程师在工程实践中的社会性，即在其工作中涉及的组织协调、沟通交流、项目规划等偏重管理与社会互动的非技术性胜任力维度。第二个因子命名为技能性胜任力，主要包含钻研能力，采矿安全相关知识，创新能力，分析思考能力，实践操作能力，事故问题处理能力，风险防范、识别与控制，重视次序、品质、精确共 8 个胜任素质要素，贡献率为 21.668%。这一维度主要是矿业工程师在从事煤矿生产与安全相关的岗位工作过程中所体现出来的专业知识、专业技能与专业素质。第三个因子命名为特质性胜任力，主要包含责任意识、吃苦耐劳、生产时间观念、自信、团队意识、学习能力共 6 个胜任素质因素，贡献率为 16.26%。这一维度主要体现了矿业工程师对外部环境和各种信息的反应方式、倾向和特性，是个人天生的或是在后天的成长过程中形成的具有稳定性、内隐性的个性与能力，即隐藏在冰山以下且不易被挖掘、改变和发展的部分（Spencer，et al.，1993）。通过以上分析，可以得出卓越矿业工程师胜任素质模型（图 5-1）。

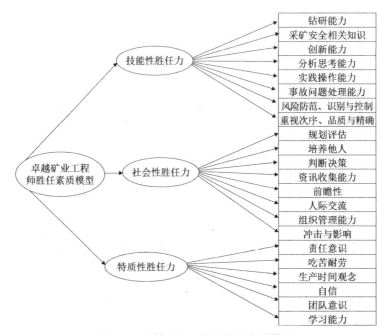

图 5-1　卓越矿业工程师胜任素质模型

（四）信度分析

信度是指检测结果的稳定性或一致性，是反映被测真实程度的指标。本章采用内部信度检测方法 Cronbach's α 系数，通过 SPSS17.0 统计分析软件，计算所得数据，可得总测验的 Cronbach's α 系数为 0.949，同时社会性胜任力、技能性胜任力和特质性胜任力三个维度的 Cronbach's α 系数分别为 0.889、0.892、0.856（表 5-12）。Devellis 认为 Cronbach's α 系数在 0.65 ~ 0.7 是最小可接受值，在 0.7 以上信度是相当好的，由此说明研究量表具有较好的内部一致性信度。

表 5-12 整个测验及分量表描述性统计结果

量表名称	项目数	Cronbach's α 系数
总量表	22	0.949
社会性胜任力	8	0.889
技能性胜任力	8	0.892
特质性胜任力	6	0.856

三、卓越矿业工程师胜任素质模型的适切性分析

（一）模型的构成要素分析

从卓越矿业工程师胜任素质模型的维度设定来看，与经济合作与发展组织在"胜任素质的界定与遴选：理论和概念基础"项目中对胜任素质组成的界定十分切合。该项目从功能论的角度出发，认为促进成功生活和健全社会的核心胜任素质主要包含互动地使用工具（技术性）、自主行动（个人特质）和在社会异质团体中互动（社会性）三个方面。尤其是"互动使用工具"这一维度中的"互动地使用知识、信息及技术"，"自主行动"这一维度中的"具备良好的概念及把自身需要和愿望转化为有目的行动的能力"，在"社会异质团体"这一维度中的"互动中强调的个体与他人互动""与他人建立良好的关系""团队合作及管理与解决冲突"等，在这些方面表现出的一致性，为本章建构的卓越矿业工程师胜任素质模型提供了较好的理论阐释和概念基础。而技术、社会和个人三个阐释维度也与 Kudngaongarm 构建的泰国土木工程师胜任素质模型结构相似，但

Kudngaongarm 以土木工程师为研究对象，建构的胜任素质模型更偏向于土木工程相关的技术性胜任素质，包含的 18 项胜任素质中有 12 项属于技术性的胜任素质，例如，构造设计、绘图、建筑的工作系统、建设安全、技术和建设实践等都直接与土木工程工作相关（Kudngaongarm, et al., 2012）。而本章所建构的卓越矿业工程师胜任素质模型，更注重技术性与非技术性胜任素质的结合，在胜任素质的提炼上，也更专注于矿业工程师从绩效表现中体现出的能力与素质而非实际的工作表现。在具体的构成要素上，本章建构的卓越矿业工程师胜任素质模型与 Turley 等（1995）建构的卓越软件工程师的胜任素质模型存在一定的相似性。尤其是其情境性技能胜任素质维度中的关注可靠性和质量（重视次序、品质与精确）、较强的思考和分析能力（分析思考）、着重精妙简单的解决方案（事故问题处理能力）、创新能力（创新能力）等 4 项胜任素质基本相同。

（二）模型的适切性分析

就卓越矿业工程师胜任素质模型本身的价值而论，既是在目前的行业发展水平下，卓越矿业工程师所具备的胜任素质水平，是一种实然的胜任素质，同时从高校人才培养和企业人力资源管理角度来看，又是高校培养卓越人才和企业人才测评所需要参照的行业标准，是一种应然的胜任素质。

Boam 等（1992）曾提出胜任素质的生命周期性，即有些胜任素质在未来依然重要，有些新的胜任素质逐渐出现，有些原本关键胜任素质的重要性可能会降低。这与胜任素质本身的情境依附性及动态性的特征相关。随着行业的发展，所需要的胜任素质也一直在更新。就地矿行业而言，其面临着行业转型，矿物资源采掘技术向机械化、信息化及智能化方向发展，这对矿业工程师的系统思维能力、新技术安全观、发展性眼光与创新性思维等方面的胜任素质要求会更高。从矿物资源的开采理念来看，人类对矿物资源的利用过程经历了从环境适应到开发甚至过度开发再到可持续利用的转变。这种转变的本质是开采理念的转变，即需要矿业工程师环保意识、具备可持续发展观和生态思维能力方面的素质有所提升。从社会的开放性和行业发展的国际化来看，国际性的胜任素质成为十分重要的胜任素质。但从本书的测量结果来看，环境适应能力、生态思维能力、国际化视野等胜任素质并未在质性文本分析中提炼出来，而且也未在接下来的量化分析中得到较为准确的验证。从这一角度来看，排除样本数量的局限性，说明目前我国矿业工程师的胜任素质水平与行业的发展需求之间存在一定的偏差，在行业转型的关键时期，矿业工程师的胜任素质水平存在很大的提升空间。

第四节　基于胜任素质模型的人才培养结构优化路径

一、以技能性胜任力为标准

在教学方面，工程技术相关的专业知识是工程师的立业之本。因此，应注意以下几个问题：①专业知识应该在课程设置中占据较大的比重，但是应该加强教学方式的改革，注重教材的更新和教学内容的翻新；②按照工程专业教育认证标准，专业教师应该具备一定的工程实践经历；③注重对教学资源的充分利用，给本科生提供接触实验室的机会，了解实验室的成果和用途，结合生产的问题进行研究和开发，让实验室成为连接第一课堂理论知识与生产实际问题的媒介，以弥补工程实践的不足；④在理论课和实验课的结合中，增强工程类专业学生的专业理论素养，提高其分析问题和解决问题的能力、创新能力、钻研能力；⑤通过邀请行业中较为权威的技术专家进行授课，多传递一些现场实践和行业发展方面的知识。

在实践方面，应该让学生在了解专业的基础上，有针对性地开展实习活动。从实习活动目的和方案的拟订，实习活动的参与者积极性的调动，到具体实习活动的实施，再到实习活动的总结，要促进整个实习活动由形式走向实质。而在这一过程中，最关键的也是最难协调的是学校、企业、学生三方参与者之间如何达到利益的平衡，从而保证实习目标的实现。在校企的协同合作过程中，学校应与企业加强沟通，保证实习的学生能够具有足够的实践空间和机会。而教师也应该积极引导学生，激发学生的专业兴趣。学生则应改变走马观花、弄虚作假的观念，主动去了解、认识工作现场，形成专业实践的基本概念。有些技术专家建议，应该压缩学生的理论课程尤其是基础课程的学时，给予学生更多的校外实习的时间，可以提前一年或是半年结束专业课程的学习，让学生深入生产现场，进行较长时间的锻炼和学习，甚至可以将毕业设计带到企业中去完成，在设计过程中了解生产现场的概貌、设计的流程和规则，钻研、思考和判断每个设计步骤和细节的可行性，进行整个设计的效益评估及优化，由此能够促进学生对专业的本质、对未来职业选择和发展有较为清晰的认知。

二、以社会性和特质性胜任力为标准

非技术性胜任力的培养，应该改变以知识灌输为主的教学模式，以学生为本，以学生需求为要，注重学生的内外兼修。其中，内修即个人特质的塑造和自我概念的形成，外修即与社会的互动。另外，在大工程观的引导下，应更加注重通识教育，形成包括管理、人文、心理等多方面的知识结构。就目前来看，虽然多数工程类专业在培养复合型工程技术人才的培养目标的指导下，开设了相关课程，但是从实际的教学成效来说，差强人意。通识教育课程多属于跨学科专业，本专业没有专业教师授课，多数是由其他院系的专业教师担任，缺乏工程背景的人文类学科教师只能从本专业的知识架构出发进行授课。单一的授课方式、参差不齐的教师层次，缺乏与工程专业结合的授课内容，难免会让工程专业类学生产生曲高和寡的疏离感。从课程改革的角度来看，学校应以胜任素质的行为指标为参照，有针对性地进行课程内容的整合与融合，将人文性融入工程环境中，将人文知识架构在工程背景下，将学生的视野由课堂内转移到课堂外，通过多种形式的社会实践活动，提升其与社会互动的能力，引导学生将专业兴趣提升为职业志趣，让学生做好社会角色转换的准备。从职业观念来看，学校可以以职业生涯规划教育为载体，转变目前职业生涯规划教育的较为一般化的教学纲要，增加有专业针对性的教学内容，通过企业的技术专家授课或是企业实际案例展示等形式，让学生多倾听来自现场的声音，对专业本质有清晰、正确的认识，培养和激发学生的专业兴趣，提升学生在职业选择与职业认同方面的认知与定位，改变学生被动选择职业的窘境，增强对学生职业精神和职业观念的启发与引导。

我国工程类人才教育培养体系的改革与完善，可以借鉴国外工程教育专业认证机构所建构的认证标准，注重学生学习成果的产出，在一定的教育培养标准的统摄下，以保证教育质量、促进教育创新为理念，在培养目标的设定、课程设计优化、教学资源的支持、学习成果的评估等方面形成与我国工程教育实际相符合的系统化、科学性的人才培养模式，从而促进我国的工程教育认证框架及标准实现与国际的接轨，最终提升我国工程人才的培养质量和国际竞争力。

第六章

行业划转院校多校区办学的内部治理

大众化和高等教育体制改革等多重制度叠加，行业划转院校在十多年的过渡适应过程中，随着外部治理环境的变化，对内部治理结构也相应地做出调整。其中较为突出的是行业划转院校的多校区治理问题。作为大众化政策的主力军及"合并、共建"政策的主要实施者，行业划转院校在地理空间上的扩张与迁移，本身受到了政府政策的驱动，以及行业结构转型调整、区域发展水平等市场因素的制约，是多种因素作用下或主动迎合或被动适应的行为选择。而多校区布局的形成本身又带来办学规模与结构、学科专业布局、资源要素配置、文化传承与融合等多方面的治理问题。本章以多校区的视角切入，从行业划转院校多校区布局现状入手，深入解析这一办学行为背后的政治、经济及社会背景，充分挖掘行业划转院校在外部环境的影响下，处理内部规模与效益、权力集中与分散、学科的交叉融合与布局分化、优势资源强化与稀释、文化传承与融合等方面治理问题的路径和方法，进而提升行业划转院校的治理能力，实现治理能力现代化。与第四章相同，本章同样选取了中国矿业大学、中国矿业大学（北京）、辽宁工程技术大学、山东科技大学、河南理工大学、太原理工大学、西安科技大学、安徽理工大学、湖南科技大学、黑龙江科技大学 10 所院校作为研究对象。面对资源枯竭型城市转型、行业产业结构调整、区域经济发展等方面的发展现实，作为一类依矿而建的行业划转院校在地理空间上的扩张和迁移需求显得更为迫切，而其在多校区布局、管理及文化融合等方面的问题、特征也更为典型。

第一节　行业划转院校多校区办学现状

一、空间布局上，呈现向外扩展和辐射的趋势

从空间发展的规模与布局来看，行业划转院校的办学规模呈现扩大的趋势，并与其他地方高校在一定地域范围内形成集聚效应。划转之后的行业院校，办学自主权扩大，扩建新校区成为凸显办学实力、增强竞争力、提升社会评价的有效手段。而地方政府为促进当地发展，在土地、政策等方面为高校提供便利条件，也推动了行业划转院校的扩建。从空间的发展布局来看，部分行业划转院校则通过将新校区选址在大学城或高教园区内，来提升自身的开放化水平，促进与其他高校之间的资源共享。例如，中国矿业大学（北京）的新校区建在了包括北京师范大学、中央财经大学、北京航空航天大学等多所高校在内的沙河高教园区内。太原理工大学榆次校区等则都建在了大学城内（表6-1）。

表6-1　部分煤炭行业划转院校多校区布局情况

序号	学校	校区数量		校区功能定位	所在地	模式
1	中国矿业大学	2个	南湖校区	大部分本科生和部分研究生	徐州	混合
			文昌校区	研究生院、应用技术学院		
2	中国矿业大学（北京）	2个	学院路校区	主校区	北京	单一
			沙河校区	部分本科学院		
3	黑龙江科技大学	3个	松北校区	本科、研究生	哈尔滨	职能
			嵩山校区	三本、专科		
			鸡西校区	继续教育学院	鸡西	
4	湖南科技大学	3个	南校区	工学院	湘潭	学院
			北校区	文科		
			雨湖校区	继续教育学院		
5	西安科技大学	2个	临潼校区	大一到大三	西安	职能
			雁塔校区	大四、研究生		

续表

序号	学校	校区数量		校区功能定位	所在地	模式
6	山东科技大学	5个	青岛校区	本科、研究生	青岛	职能
			济南校区	专科、中外合资	济南	
			泰安校区东校园	机电系、资土系	泰安	
			泰安校区西校园	泰山科技学院		
			继续教育学院	成人教育		
7	太原理工大学	5个	迎西校区	研究生为主	太原	混合
			虎峪校区			
			柏林校区	继续教育学院		
			明向校区	本科生为主	晋中	
			榆次校区	轻纺工程学院、艺术学院		
8	河南理工大学	1个	主校区	本科与研究生	焦作	职能
9	安徽理工大学	4个	本部	大三、大四、研究生	淮南	混合
			北校区	大一、大二；经济与管理学院、理学院、人文科学院		
			西校区	医学院、外国语学院		
			新校区	新生		
10	辽宁工程技术大学	3个	中华路校园	大部分本科学院	阜新	混合
			玉龙校园	部分本科学院、专科		
			葫芦岛校区	部分本科学院	葫芦岛	

注：数据统计截止时间为2015年10月

资料来源：各样本高校官网网站

从空间的发展方向来看，行业划转院校主要呈现出两个特点：首先是新校区的异地迁移。地域的发展水平制约着高校的发展空间、开放水平及高校教育资源和信息的获取渠道，这种制约性在一定程度上造成了高校发展在地理位置上的"马太效应"，即地理位置好的大学，生源相对较好，获取资源的能力相对较强，而地理位置较差的学校，则受到多方面的制约（陈慧青，2009）。尤其是多依矿而建的煤炭行业划转院校，所在城市多因资源枯竭而面临着城市转型发展，发展的速度和信息更新的节奏很难满足高校自身发展的需要，促使煤炭行业划转院校多由内陆地区向沿海地区、由欠发达地区向发达地区迁移或扩建。例如，黑龙江科技大学将新校区转移到哈尔滨，辽宁工程技术大学将新校区建在葫芦岛，山东科技大学将新校区建在青岛等，都体现出煤炭行业划转院校为改变办学的布局结构、增加教育资源的吸纳范围、增强社会服务能力所做的探索。其次是新校区的选址随着城市建设发展的方向流动。大学作为一个集约人口、经济、文化的空间地域系统，能够带动周边地区各产业的兴起与发展，并由此形成外延型城市化。划归地方管理的绝大多数行业划转院校与原服务行业联系的紧密程度减弱，与地域的互动性及对地域的依赖性加强。这种互动性和依赖性在发展空间上主要表现为大学与地区城市化的融合。特别是近年来部分行业划转院校的扩建多与城市重心的转移方向不谋而合，无形中能为促成一个新的城市中心点提供人才、技术等方面的支持。

二、管理布局上，表现为多样化的校区功能定位模式

目前，我国多校区大学校区功能定位模式主要有三种形式：一是以学科为基础的学院模式，即各个校区按照学科（群）在不同地理位置的布局来统筹规划，每个校区拥有一个或多个学科组成的若干院系；二是以工作为基础的职能模式，是指按照工作职能对各个校区进行集中规划使用，以工作职能作为区分校区的标志，如继续教育校区、新生校区、研究生校区、产业开发校区等；三是混合模式，即指同一个校区兼具若干院系、若干工作性职能等多种定位（陈运超，等，2001）。

从行业划转院校具体的校区功能定位来看，并未形成较为正式的定位模式。就煤炭行业划转院校来说，多数属于混合模式。例如，安徽理工大学，医学院和外国语学院在西校区，大部分院系的大一、大二学生及经济与管理学院、理学院、人文科学院的学生在北校区，大三、大四学生及研究生则集中在本部。中国矿业大学大部分本科生和部分研究生在南湖校区，而研究生院、应用技术学院等则集中在文昌校区。同时，也有部分煤炭行业划转院校采取职能模式进行校区划分。其中西安科技大学比较典型，其按照年级分段划分校区，大一到大三的学生集中在临潼校区，而大四学生和研究生则集中于雁塔校区。而山东

科技大学和黑龙江科技大学则按照教育层次来进行校区的划分。黑龙江科技大学的三本和专科集中在嵩山校区，继续教育学院在鸡西校区，而所有的一本和二本专业学生则集中在松北校区。山东科技大学高职和成人教育在泰安校区，专科分布在济南校区，本科和研究生集中在青岛校区。而湖南科技大学主要采用学院模式，就其本科专业来说，所属理工类专业集中在南校区，文科专业则分布在北校区。

三、在校园文化布局上，呈现出层次化、差异化发展

行业划转院校多个校区之间在地理位置、发展历史、功能定位等方面不同，所以在校区文化的建构上呈现出层次化、差异化的发展特点。

第一，地理位置不同，与城市文化融合的效果不一。多地办学的行业划转院校分属于不同城市的校区，受城市文化的辐射和影响，逐渐形成在校区文化风格塑造上的差异。例如，山东科技大学老校区在泰安，更多的是受中国传统儒家文化的熏陶；新校区建在青岛，受海洋文化的影响更大。同时，在城市中心与非中心的布局，也造成了校区文化建设的差异。老校区一般处在城市的中心，与城市的经济、社会联系较为紧密，而新校区多建在城市的边缘地区，在人员流动、交通治安等方面存在一定的限制。此外，由于发展水平与发展方向的不同，不同城市对高校的政策支持、资源供给、人才需求等方面也存在差异。

第二，形成的历史长短不同，物质与文化的丰富程度不一。行业划转院校老校区的形成多集中于改革开放前，而新校区多建成于21世纪。老校区成立时间较长，建筑风格较为古朴，并在长期的发展演进中形成了独具特色的大学精神理念和大学文化底蕴。新校区成立时间晚，建筑风格趋于现代化，硬件设施也更为先进。例如，辽宁工程技术大学老校区留存了苏联的风格建筑，古朴端庄，并在近70年的发展历程中，形成了"朴实无华，坚韧顽强，无私奉献"的太阳石精神。而新校区无论在建筑风格还是在校园景观的设计上，更倾向于现代化，学校文化传统的承载物和浓郁的文化氛围则相对较为缺乏。

第三，功能定位不同，校区文化风格与文化氛围不一。对于按学科专业划分的学院模式来说，理工科校区更注重逻辑思维和实际操作能力的培养，而文

科校区则更加凸显人文艺术气息。对于按照工作职能划分的职能模式来说，高年级所在校区一般专业实践性较强，学术研究氛围更为浓厚，而低年级所在校区的各种学生组织则相对更为活跃，校园文化活动也更为丰富。而对于包含不同教育层次的校区来说，由于在学生构成、人才培养标准等方面的差异，使各校区形成了各具特色的文化风格。

第二节 行业划转院校多校区办学存在的问题及成因

一、学科特色错位发展的格局尚未形成

随着多校区布局的形成，绝大多数行业划转院校已经发展成为具备理、工、文、管等多学科的综合性大学。但从学科交叉需要看，这种由空间距离造成的学科布局分化，构成了其与学科发展建设需要融合的实际需求之间的矛盾。由于各个高校在发展水平、办学层次、办学规模等方面的差异，尚未形成统一有效的校区功能定位标准和机制。行业划转院校只能依据自身的实际，在学科布局和建设上摸索前进。而在这一过程中，由于对于自身人才培养目标与层次、学科发展趋向、社会服务领域等缺乏前瞻性和全局性的认知，在学科拓展、专业门类扩大、学生数量增加的背景下，学科规划建设的决策速度明显滞后于转型扩张速度，加上出现行业和区域两个服务重心，造成了学科建设目标在特色化和综合化之间的发展趋向不明，导致出现了如下问题：①多校区在学科布局和发展上无章可循、随意性强，甚至出现混乱无序的状态；②一些相关性很强的学科群被无形割裂；③同一校区多个教育层次、年级、学院杂陈；④学生在不同校区间大规模搬迁。

由于优势教育资源有限，部分行业划转院校在多年办学传统中形成的优势学科特色因学科的综合化而被稀释，特色专业和优势学科的地位被弱化。由于学科布局的分散及学院在各个校区间的迁移，长期积累的学科文化和学科精神也可能因为环境和条件的改变而失去原有的发展根基。加上由于校区距离的限制，师生进行跨校区学术交流和科研合作受到制约，无形中形成了学科建设的

壁垒。

二、非理性扩张带来教育资源整合困境

从我国行业划转院校多校区办学形态的形成来看,无论是最初的多校合并,还是如今的规模扩张,都并非是在行业划转院校的发展过程中自然演变而来,而是存在一定程度的被动性甚至盲目性。行业院校划转之后,失去原有的行业依托,教育资源主要由政府供给和配置,尤其是地方行业划转院校受到所处区域发展水平的制约,在教育资源的配置上相对受到"冷遇"。随着行业划转院校由行业特色类院校向综合性大学转变,在发展战略、专业设置等方面的趋同,使其与其他院校在招生就业、教育资源、社会评价等方面形成一定的竞争。在外部竞争环境的压力下,部分行业划转院校在扩建条件不具备的前提下,盲目增设热门专业、增加招生数量、扩张新校区,以凸显办学实力。由此造成部分行业划转院校为谋求更多的资源而扩张,而持续扩张的多校区加剧了教育资源需求与有限的资源供给之间的不均衡,甚至因此形成了一种恶性循环。

行业划转院校在非理性扩张的过程中,办学规模的不断扩大就意味着各教育资源要素的多次重新组合。而在有限的教育资源不断组合、配置及再组合、再配置的过程中,由于缺乏科学的分配和评估机制,难免会出现资源配置失衡、优势资源被稀释或流失、办学成本加大等一系列的资源整合问题。尤其是对于跨区域办学的行业划转院校来说,部分教育资源共享存在困难,只能重新配置,并因此耗费了大量资金。各个校区的专业构成、学生数量与相关教学设施的配备情况不匹配,可能会导致某一校区教学设施超负荷运转而其他校区的教学资源却处于闲置或半闲置状态。特别是近年来学校的办学规模仍有扩张之势,而整个高等教育生源却有相对减少的倾向,由此造成了资源配置的规模性浪费、结构性浪费和闲置性浪费(严新平,等,2003)。而在资源的重新配置与组合过程中,优势教育资源被分解和稀释,造成资源的规模效益难以实现。在教师资源配备不完善的情况下,专业授课教师只能奔波于各个校区之间,由此耗费的交通、通信等费用更是无形中增加了办学成本。

三、权力的界定带来管理模式选择的困惑

行业划转院校的多校区管理问题主要集中在管理重心和管理方式两个方面。

（一）管理重心的问题

一是偏重某一校区，而对其他校区疏于管理，造成管理的边缘化和失衡性。有的行业划转院校发展重心随着新校区的建设而迁移，学校的管理中心和绝大部分的教育活动都迁移到新校区，而对老校区的利用程度降低，功能也发生转变，或被用作大学的辅助设施，或被用作成人教育和高职教育的场所，有的甚至呈现出衰败的迹象。例如，黑龙江科技大学迁址到哈尔滨后，鸡西校区主要由继续教育学院使用；山东科技大学在青岛建立新校区后，本科和研究生集中在青岛校区，泰安校区和济南校区主要用来进行成人教育、高职教育等。也有部分行业划转院校的管理中心仍设在老校区，但是由于距离的限制，对新校区的管理有些鞭长莫及，使得新校区的管理和建设相对松散，难以实现有效的运作和发展。

二是管理中心在主校区，各个校区在功能使用的地位上相对平等，校区的权力界定取决于校区的功能定位。而这种校区管理布局可能在一定程度上导致了管理权力的"多中心化"。例如，中国矿业大学在北京建立校区，而随着校区的发展，北京校区逐渐脱离母体校区发展成为一个独立的办学实体。

（二）管理方式的问题

管理权力的集中与分散问题是行业划转院校多校区治理过程中的共性矛盾。权力过分集中，在管理跨度过大、信息传递不畅、管理成本加大、管理效率降低的同时，分校区的自主性也受到限制。权力过于分散，校级权力中心的调控能力减弱，分校区各自为政，使得内部协调的成本增加，也不利于整个大学教育系统整体优势的发挥。由于尚未形成较为科学合理的管理模式，行业划转院校的多校区管理，尤其是对于各校区地位相对平等的行业划转院校来说，管理模式的选择过程成为校级权力与分校区权力博弈的过程。而由于两者之间的权力边界无法界定，主校区和分校区在管理权力上的拉锯仍在持续，管理方式也

在分权与集权之间左右摇摆，由此造成行业划转院校在战略规划、制度运行、学科发展等方面无法实现高效、有序地运转。

四、人文环境变迁带来的大学文化传承困境

行业划转院校多校区文化布局的差异化与层次化，使得新校区的文化建设面临着文化冲突与文化认同困境。

（一）不同地域之间的文化差异甚至冲突造成了不同校区的校园文化孕育氛围的差异

在与所服务行业共生共存的过程中，行业的精神文化也在发展中嵌入到行业划转院校的大学文化之中，由此形成了行业划转院校独具特色的大学文化和大学精神。而新校区的异地建设，失去了学校主流文化的发展根基，更多的是受新校区所在城市文化的辐射和影响。这种校区之间文化孕育环境的差异，可能会造成各校区文化的分流甚至背向发展，最终将不利于整个大学文化的和谐发展。

（二）新校区的成立时间短，文化建设多需要从头抓起

新校区多建于城市的边缘地区，各方面的建设还不完善，文化建设缺乏一定的环境基础。而从新校区自身的建设环境来看，因距离限制，新校区与主校区之间的文化互动少，造成行业划转院校多年积淀的优秀文化传统因缺乏相应的载体和渠道而无法在新校区中得到很好的传播与传承。

（三）新校区师生对学校主流文化缺乏认同感和归属感

新校区的授课教师多是从主校区调拨过来的，脱离了原有校区的教学科研环境和资源，多存在一种边缘化的心态。对于在多个校区间奔波、采取"走教式"的授课教师来说，多数只将新校区作为工作的地点，与学生的沟通和交流较少，更是缺乏对新环境的主动融入。而对于新校区的学生来说，由于距离原因，大型的校园文化活动如新生开学典礼、运动会等，多是在各个校区分别举办，跨校区的交流活动相对较少。新校区的学生很少有机会感受主校区的文化

氛围，对学校的文化精神和文化理念缺乏了解，无法形成文化价值观上的共鸣，传承大学文化的主动性更是无从谈起。

因此，无论是从外部环境还是从文化传承主体来说，由于校区的分散，无形中割裂了大学文化的传递性，甚至可能因为主校区的文化传输与新校区的文化接收渠道的不畅，导致新校区师生缺乏认同感和归属感而出现文化传承上的断层。

第三节　我国行业划转院校多校区管理的对策及建议

一、加强错位发展的特色学科群建设

在多年的办学传统中，行业划转院校多形成了与行业产业链相对接的优势学科群，并通过重点学科、特色专业，博硕士点的报批，重点实验室和教学设备的配备等，在学术文化和学术精神的塑造、学科队伍的建设、学术研究领域的拓展等方面形成了较为完善的学科发展体系，并积累了一定的学术成果和获得了一定的学术地位。随着服务区域这一重心的加入，加强与地域发展的接轨，将区域经济优势及产业特色转化为学科优势，使高校教育真正嵌入到当地的发展环节中，也是行业划转院校实现差异化发展的重要着力点。因此，要建立错位发展的特色学科群，可以从学科特色与区域特色两个重要的特色元入手，以融入区域发展环境为前提，在各个校区内以某一个或几个优势学科为基点，以相关学科为支撑，疏通学科发展的脉络，以学科融合与交叉的嫁接点为学科发展的生长点和增长点，形成多个相关学科在一定空间上集聚、不同学科群在不同校区分布的学科布局方式，从而实现学科在空间上的优化组合，扩大优势学科的辐射范围，形成校区学科特色错位发展格局，最终提升整个学科系统的发展水平。

二、实现教育资源与教育需求的均衡发展

教育资源是为了满足教育需求，因此要实现教育资源的优化组合，必须从合理定位教育需求出发，实现教育需求与资源利用之间的和谐。因此，以行业发展和区域发展需求为基准确立人才培养的目标和办学规模，减少资源浪费，提高办学效益，成为行业划转院校实现可持续发展的重要举措。

从提高现有教育资源的利用效率来看，多个校区、多个部门需求的满足，与教育资源的配置方式和办学规模、校区的功能定位等息息相关。因此，要注重校区功能定位的长远规划和顶层设计，统筹考虑各个方面的因素，减少由于发展定位不明晰、发展决策不科学而造成的资源浪费和办学成本增加。在教育资源的配置过程中，教育资源要素的组合应该以消耗最少、效益最优为原则，在错位发展的学科建设格局的基础上，减少教育资源的重复购置，提高现有资源的利用效率。

从拓宽教育资源的获取来源看，随着高等教育领域综合改革的深入，加强与社会外部的联系，引入市场机制，成为大学治理改革的一大趋势。因此，通过加强与社会的合作，在与企业、行业组织、其他院校等协同发展的过程中，拓宽资源获取渠道，搭建资源共享平台，成为行业划转院校增强教育资源吸纳能力的重要突破口。而建在大学城内的校区，还可以通过提高校区的开放化程度，促进与其他高校的资源共享等方式，来实现校区的集约化发展。

三、优化多校区界面管理体系

行业划转院校不同校区之间、不同院系组织之间的相互作用，可以用界面管理理论进行阐释。将行业划转院校多校区的内部治理置于界面管理的理论框架下，可以解构为以各职能部门为单位的各校区、各院校之间的横向界面和以教育教学活动为主的流程、任务之间的纵向界面。而在各个界面之间及界面内部的交互过程中，多校区的格局、学科、资源、文化、人员等内部要素之间复杂的相互作用关系，导致了管理体系的复杂性甚至无序性。校级权力与分校区权力、行政权力与学术权力博弈的过程，多学科的校区布局的矛盾、教育资源

配置的公平与协调，以及校区间文化的冲突与融合，共同构成了多校区内部的界面障碍。要实现行业划转院校多校区界面的优化管理，则需要强化和规范横向界面之间的权责分配、松动和创新纵向界面之间的组织管理，形成刚柔并济的多校区界面管理体系。

具体来说，强化和规范横向界面之间的权责分配，是以行业划转院校的发展战略理念为导向，通过一定的章程制度合理规范和界定不同权力及权力阶层的作用领域、作用方式及作用效果，即在保证大学章程的制定与改革方向相一致的前提下，明确行政权力与学术权力、主校区与分校区之间的权力界限，避免权责交叉与管理的边缘化，形成行政权力与学术权力相对分离的状态，确保部分权力尤其是学术权力和资源配置权力的下放，从而实现行业划转院校依法自主和按章办学，保证现代大学制度的建设与落实。而优化和创新纵向界面之间的组织管理，则是形成相对柔性化的教育管理机制，改变以行政权力为支配地位的管理模式，在权力下放的前提下，给予各个校区更多的自主权，由注重过程管理转向注重目标管理。同时，在保障学术自由的前提下，激发学术创新的活力，更加注重回归教育乃教书育人这一教育本源，走学术研究与教学实践并重的治学之道。

四、加强校区文化建设，促进跨校区的文化交流

从外部环境的影响来看，大学本身追求文化的自由与兼容，而处在自由与包容环境下的文化冲突在一定程度上能够丰富大学文化的层次和内涵。多个校区的文化建设的关键在于如何实现求同存异。在与不同地域文化融合的过程中，通过寻找地域文化与主流文化的契合点，既吸收地域文化的精髓，又能保持原有大学文化的本色，才能真正实现行业划转院校文化建设的创新发展。

从校园环境建设来说，可以通过加强信息化管理，以网络为载体实现教学资源的共享，通过网络视频会议、网络课堂等形式推进数字化校园建设。尤其是"慕课"的出现，以"大课堂""大数据"为改革热点，借助现代信息技术和互联网平台构建虚拟的大学课堂，在推进学科壁垒松动、促进优势教育资源跨越时空共享、实现团队与个性学习相结合的教学模式翻新的同时，也给跨校区

的文化建设提供了创新思路。首先，行业划转院校可以通过"慕课"，以在线课程的形式，实现校内外优势文化资源的共享，缓解由于跨校区造成的优势教育资源稀释或配置失衡等问题。其次，行业划转院校可以通过"慕课"营造虚拟的文化交流空间与平台，实现不同校区、不同专业、不同师生之间的大规模集成化的交流与学习，从而改善由于校区距离限制而造成的跨校区师生交流少甚至无交流的状况。最后，行业划转院校可以通过"慕课"实现优秀校园文化与大学精神的传承，凸显行业划转院校的办学特色，将行业划转院校多年积累形成的颇具行业特色的大学精神与文化以经典课程、主题宣讲、宣传片等多种形式进行呈现，并通过"慕课"平台扩大传播空间及传播的影响力。

第七章

高水平行业特色型大学创业型类特色的构建

　　我国行业特色型大学大多是 1952 年院系调整时由综合性大学的院系分离出来逐步发展壮大的，涉及农业、林业、水利、地质、矿产、石油、电力、通信、化工、建筑、交通等多个领域（林莉君，2012）。而高水平行业特色型大学就是特指在 20 世纪 90 年代末国家高等教育管理体制改革后，由中央部委所属的行业特色型大学划入教育部所属的这部分高校。可以说，高水平行业特色型大学是我国在特定的历史时期发展形成的一个类群（刘吉臻，2013），这类大学多是依据中国工业体系的成长，体现国家意志、承载国家使命而诞生和发展起来的。行业背景、学科高峰是这些高水平行业特色型大学最明显的优势。多年来，高水平行业特色型大学作为我国高等教育的一支重要力量，在高等教育体系中占据重要位置，在服务国家的经济建设和社会发展历程中，发挥了重要的历史作用，做出了积极、卓越的贡献。

　　随着社会经济的发展和高等教育形势的深刻变革，高水平行业特色型大学与行业的关系也发生了重大的变化，特别是随着科技的迅猛发展，全球化、信息化、智能化时代的来临，我国的产业经济结构和发展方式发生了巨大的变化。国力的增强需要我国从人口大国转向人力资源强国，各个行业领域核心技术的结构、内容、需求都需要顺应时代发展的要求，进行深刻的转型与变革。因此，在国家"实施创新驱动战略"、创新型国家建设、"双一流"建设等背景下，国家赋予了高水平行业特色型大学更加光荣的历史使命，提出了新的、更高的要求。以美国麻省理工学院、斯坦福大学等高校为代表的创业型大学（entrepreneurial university）的成功兴起，为我们深入认识创业型大学的潜在价值和高等教育的发展趋势提供了重要的参考价值。创业型大学的内涵和特征与我国高水平行业特色型大学在新时代所要肩负的使命与任务具有极高的关联性和契合性，对于我国高水平行业特色型大学重新审视办学理念、调整发展定位与发展模式，积极构建创业型类特色，创建世界一流大学，提升国家和区域核心竞争力，具有重要的借鉴与实践意义。

第一节　创业型大学的生成机制与特征

一、创业型大学的提出

20世纪90年代，伯顿·克拉克与亨利·埃兹科维茨几乎同时提出"创业型大学"的概念，他们分别从大学组织系统转变的角度和大学与产业界合作的角度，各自系统地研究了欧洲与美国的创业型大学。

伯顿·克拉克（2003）选择了建校时间短但发展迅速的英国沃里克大学等5所大学为研究对象，采用概念分析和校史描述相结合的方法，展开了深入的个案研究。伯顿·克拉克认为"创业型"是许多社会系统所具备的一大特征，是指系统为了寻求更有前途的发展态势，采取转变组织特性的方式，敢于去冒险尝试的行为。而创业型大学是那些为了应对环境变化而采取大胆革新行为并最终取得明显成效的大学，是大学对多样、复杂的社会需求所做出的"创业型反应"。创业型大学概念的核心就是具有开拓与创新的企业家精神和寻求"站起来"的大学。同时，伯顿·克拉克（2003）归纳出了创业型大学组织转型的5种途径：一个强有力的驾驭核心、一个拓宽的发展外围、一个多元化的资助基地、一个激活的学术心脏地带、一个一体化的创业文化。

亨利·埃兹科维茨在"三螺旋结构"的分析框架下，以麻省理工学院、斯坦福大学、剑桥大学等世界一流的研究型大学为研究对象，对创业型大学进行了深入研究。其旨在探讨这些大学如何在知识经济的时代背景下将大学的科研成果转化为现实的生产力，利用大学在知识创造和人才聚集方面的优势，进行知识转移、学术创业，直接服务于经济与社会的发展等。"三螺旋结构"已经被写入《科学技术与创新——联合国千年计划"科技与创新"专题组中期报告（2004年）》中，成为联合国指导发展中国家推动创新型国家建设的一种导向性意见。它对创业型大学研究的意义在于为促进政府、企业、大学间的有效互动，构建区域创新实体和发挥创业型大学的主体作用，提供了一个重要的理论模型（易高峰，2011）。在这一研究模式下，创业型大学是以提高国家的竞争力、生产率及国家和民族的创业创新精神为己任，以提高国家和地区的经济实力和水平为目标。创业型大学在为国家利益服务、具体承担经济发展任务的同时，赋予大学传统职能新的内容和形式，在社会经济活动中更大地发挥大学参与和引导的先锋作用（王雁，等，2003）。

对比伯顿·克拉克和亨利·埃兹科维茨关于创业型大学的研究，我们不难发现，伯顿·克拉克关注的是在应对环境变化而实施变革的"革新式"创业型大学，以英国的沃里克大学为代表；亨利·埃兹科维茨关注的是以知识转移和学术创业为特征的"引领式"创业型大学，以美国的麻省理工学院为代表。这两种类型的创业型大学有着很多共同的特征，如都强调科研成果的转化、寻求办学经费和资源来源的多元化等，但是二者在组织目标、组织结构、运行机制等方面还存在差异（邹晓东，等，2011）。本章后面的论述主要是基于二者的共同特征，且更侧重"引领式"创业型大学的角度展开的。

二、创业型大学的生成机制与演变路径

（一）创业型大学的生成机制

自20世纪50年代以来，知识、人才、科技等因素在经济社会发展中发挥着越来越重要的作用。随着学生寻求并接受高等教育的需求不断增加，更多的劳动力部门需要更多受过高度专门化职业训练的大学毕业生，政府和教育资助者对高等教育经费的配置方式和资助模式的改变，以及高校规模扩张对资源需求以指数的方式增长等内外部环境的变化，大学和环境的关系表现出在环境需求和反应能力之间越来越明显的不对称特征（伯顿·克拉克，2003）。如果它们

保持传统的形式不变，就进入到永久的不平衡的境地。于是，转型的道路就成为控制需求和提高反应能力的一种很重要的手段。因此，一些大学便开始改革课程、改变教师……，在这个过程中，大学的教学、科研、社会服务的职能被有意或无意地进一步拓展，甚至一些大学开始到市场中冒险。一些大学面对经济社会做出了创业型反应，开始加强与区域经济社会发展的联系，如美国、英国、日本等国家都在围绕大学建立研究中心、高科技园区、孵化器等，每年都有大批新科技产品或企业诞生，其自觉或不自觉地转向了创业。从20世纪50年代延续至今的大学职能的拓展，被认为是第二次学术革命。大学在经历了第二次学术革命之后，承担起促进经济与社会发展的第三使命，也被称为"创业"职能，也就诞生了创业型大学（易高峰，2011）。从欧美国家创业型大学诞生的过程来看，创业型大学的生成机制既来自大学、政府和市场三方力量的综合作用，也受到大学职能变迁和内部一整套权力制衡机制的系统的影响（刘永芳，等，2012）。根据资源依赖理论，正是这种大学外部环境的改变和大学对资源路径的依赖，促进了创业型大学的生成与发展。政府的政策变迁尤其是拨款和研发政策的改变，是创业型大学产生的外部推动因素，办学理念的拓展和职能的变迁成为创业型大学生成的内在驱动力，大学的学术权力和行政权力的适度平衡、管理文化与院系文化的有机融合以及高层行政组织具有强有力的驾驭能力，是创业型大学发展的动力来源。

（二）创业型大学的演变路径

随着大学教学与科研职能的进一步拓展、服务社会的理念进一步强化，国外一些大学相继转型成为创业型大学。例如，麻省理工学院通过尝试与政府、企业建立新型的合作关系，弘扬创新创业精神，在20世纪50年代发展成为创业型大学，实现了从一所赠地学院到世界著名理工科大学的飞跃。斯坦福大学在借鉴麻省理工学院的成功改革经验的基础上，不断发展尖端科学、兴建工业园区，不断加强与政府和产业界的合作，于20世纪60年代发展为具有斯坦福特色的创业型大学。在1980年后的15年内，英国的沃里克大学等多所大学发展成为创业型大学。创业型大学的崛起已成为"全球现象"。研究显示：学术创业活动已从美国蔓延到欧洲、亚洲甚至非洲和拉丁美洲，从工程科学到自然科学再到社会科学，大学已经普遍开始致力于学术创业活动。如今，几乎所有类型的大学（从综合型、研究型大学到专业学院及教学型大学）都参与了各种各样的创业活动，与商业组织、外部利益相关者建立了合作伙伴关系（Jongbloed，2015）。亨利·埃茨科威兹将创业型大学的演变路径分为三个阶段：第一阶段是大学对自身的发展方向做出战略选择，通过与资源提供者的协同，使自己获得确定优先权的能力。第二阶段是大学在自身创造的知识产权的产业转化方面扮演积极主动的角色。第三阶段是大学通过与产业界和政策部门的合作，在提升区域创新环境的效能方面扮演着引领者的角色。创业型大学的转型过程是一个较长的动态演化过程，需要在人才培养、科学研究、组织管理、社会参与等各个维度，逐步获取创业型大学的组织因子，通过这些组织因子的不断累积，最终转变为创业型大学（陈汉聪，等，2011）。

三、创业型大学的特征

创业型大学并不意味着一个勇敢的新世界，而是在新目标、新需求和新问题的推动、作用和影响下产生的一个熟悉的旧世界（Styhre, et al., 2010）。从欧美等国家创业型大学的兴起和生成过程中，我们不难发现，创业型大学的实质是拓展了大学传统的教学与科研的职能，将知识资源转化为知识资本，进而实现了跨越式的发展。斯劳特和罗德斯把这个过程定义为学术资本主义，即由大学和大学之外的团体通过组建新机构、更新旧机构，或者重新定义大学使命的方式，促使大学的知识进行转化，以使大学能更紧密地适应外部环境的变革。在知识资本化的过程中，创业型大学还体现出了如下几方面的特征：一是大学与产业、政府间相互依存、互相作用、互动发展；二是大学不从属于任何一个机构范围，具有决定自我发展方式的自主权，也就是大学的相对独立性；三是基于转化知识的需要，创业型大学应有诸如研究中心、大学科技园、企业孵化器、技术转移中心等集生产知识、传播知识和转化知识于一体的混成组织形式，这是科技成果持续转化的组织保障；四是在大学与政府和产业的互动中，当任何一方发生变化时，创业型大学应能适时做出反应并调整，确保大学迅速跃迁到下一种稳定合作状态（刘叶，等，2014），也就是创业型大学对变化的自我反应性。

通过对国外创业型大学的特征的分析，结合新时代背景和大学发展的现实需求，笔者认为，具有创业型类特色的大学在办学理念和职能方面具有如下特征：在办学理念上，秉承着企业家精神特质；在人才培养上，注重创新与创业能力的塑造；在科学研究上，以尖端科技为靶向并注重成果转化；在社会服务上，聚焦国家发展战略，注重对行业和区域经济社会的引领，具有前瞻性；在大学的文化建设上，着力打造一体化的创业文化环境。正如王雁学者指出的，创业型大学的最大特征在于，它能对国家利益和国家目标做出最敏锐的反应，能够在大学、工业和政府的"三螺旋结构"中发挥独特的作用，发展高科技、催生新产业，更直接地参与研究成果商业化活动，将创新创业文化融入人才培养过程中，致力于培养有创造性的学术英才和技术创新高手。仅此两条就足以把创业型大学和其他研究型大学区分开来。

第二节　高水平行业特色型大学
向创业型转型的适切性

一、高水平行业特色型大学的转型环境

知识经济全球化使国家之间的竞争变得更加激烈。我国仍然是一个发展中国家，国力的增强需要我国从人口大国转向人力资源强国。因此，我国提出增强自主创新能力，建设高等教育强国、人力资源强国，在 2020 年建成创新型国家。我国正处于从大国向强国迈进的新起点，创新驱动、转型发展已成为时代的主旋律。建设创新型国家的关键是教育，特别是高等教育的建设要有足够的创新能力，这就迫切要求高等教育进行转型与变革，发挥支撑引领作用，向世界一流大学和一流学科迈进。

作为科技第一生产力和人才第一资源重要结合点的高水平行业特色型大学是我国高等教育的一支重要力量，在高等教育体系中占据重要位置。其发展状

态如何、质量高低，会直接反映和影响我国整体高等教育的状态和水平。新形势下，高水平行业特色型大学要有新的更大的作为，就要在服务社会方面做出新的贡献。然而，要高水平地履行社会服务职能，对其在长期办学过程中形成的"依托行业而产生、服务行业而发展"的理念必须重新定位，必须从对行业的依托服务转向走出行业、实现对于行业的引领与超越，这是高水平行业特色型大学进一步发展的必由之路。有专家指出，这类大学要在发扬自身传统优势与特色的基础上，重点培养一大批支撑行业发展的自主性创新人才和行业领军人物，着力于解决行业发展的基础性、原创性问题，以及与行业产业密切相关的共性技术问题，建设和形成位居国际、国内前沿的学科，进一步推动行业产业转型，并不断催生新的经济生长点（王纾，2012），以高水平的人才培养和社会服务推动国家战略目标的发展进程。

我国高等教育与经济社会的深度融合是高等教育步入社会中心之后的一个重要特征，也是世界高等教育发展历史的一个共同趋势。创业型大学作为一种实现知识与经济联系有机契合的大学发展模式，为我国高校支撑引领创新驱动发展战略实施提供了现实选择。"创业型大学"这个概念从 20 世纪 90 年代末被引入我国，中国大学、产业和政府已经积极主动地介入了创业型大学转型这一全球高等教育变革的浪潮。复旦大学杨玉良院士曾指出，创业型大学是融入了企业家精神的研究型大学，是大学未来发展的一个重要阶段，如果复旦大学要成为世界一流大学，按照大家提出的概念，就是创业型大学，麻省理工学院就是复旦最好的榜样（陈统奎，2005）。2014 年，作为长期从事高等教育的专家，中国民主同盟中央委员会副主席徐辉认为，"十三五"期间高等教育需要走内涵式发展路线，要按照规律办大学，要建设创业型大学。2008 年，福州大学明确提出创建"创业型大学"，并在全校范围内就创业型大学的相关建设问题开展了深入的学习与探讨。南京工业大学于 2010 年正式确立创业型大学的战略目标，提出要努力走出一条美国斯坦福大学和加拿大滑铁卢大学式的创新创业大学发展之路，打造最适宜创新创业的高校品牌。与行业特色型大学建校时间及发展历史比较相近，由理工科大学发展成为势态良好的综合性大学的华中科技大学，完全因工业发展需要而建立，它的发展最能体现中国大学对国家需求做出反应的图景，以至于它的发展和成就被称为中国高等教育的"缩影"（刘叶，等，2014），它也从侧面展示出了中国创业型大学转型的印记。因此，高水平行业特色型大学创新要坚持市场导向，强化创业型发展取向，构建创业型类特色。创业型取向的根本目的是全面提升高校的创新能力，繁荣大学学术，加快建设使中国成为高等教育强国，进而促进"新常态"经济发展，从而应对激烈的国际竞争（蒋华林，等，2016）。

二、高水平行业特色型大学转型的特色基因

高水平行业特色型大学在1952年国家进行院系调整后发生深刻变化，因国家经济建设需要而重组或建立，积极响应国家号召与发展需求，并与国家的政治、经济发展步伐一致，是以服务国家经济、政治建设为己任及以贡献求发展的大学。它们都经历了由某个行业部门主管到划转为教育部所属的教育管理体制改革的过程，有着由工科为主转向理工为主、多学科协调发展的综合性研究型大学的发展轨迹，它们均是原"211工程"甚至"985工程"的全国重点大学，更是国家优先支持和重点发展的高校。这类大学具有显著的行业背景和专才型人才培养理念，形成了鲜明、稳定的办学类型、学科特色和服务面向，也是我国高等教育体系中与国民经济发展联系非常紧密的院校。它们具有高素质与高水平的教师队伍、丰富的优质教育资源、高层次的科研项目及高水平的科研成果转化能力（赵庆年，等，2012）。它们与特定行业之间的天然共生关系，在培养国家支柱产业需要的高级精英人才，解决特定行业中共性技术、战略高技术及前瞻性关键技术问题及服务行业转型发展方面呈现出较为鲜明的创业类特色。行业背景和学科高峰是这类大学最典型的特征，它们对国家的经济建设和社会发展做出了独有的贡献。

三、高水平行业特色型大学转型的基础要素

高水平行业特色型大学向创业型转型，是创新型国家建设的需要，也是高等教育强国的需要，更是自身发展的需要。高水平行业特色型大学具有独特的

特色基因和明显的转型优势,符合创业型大学的特征和基本要素,适合选择向创业型大学转型的战略,主要体现在以下几个方面。

第一,高水平行业特色型大学是伴随着中国从弱到强的工业体系的成长过程,体现了国家意志,承载着国家使命,是以服务国家经济、社会发展为己任,由中央部属统一管理的一批高水平研究型的行业划转院校。所以,它们在诞生之初就有与生俱来的自力更生、艰苦创业、甘冒风险、追求卓越的精神特质,它们紧紧围绕行业的发展和需求,不断开拓创新,依靠自身力量增强办学实力,推动学校发展。这种企业家精神特质也在大学的发展过程中作为一种办学理念和文化被逐渐固化下来。

第二,高水平行业特色型大学多为理工科院校,这些高校具备较强的科研实力,有较为充足的科学与工程领域研究资源,具有解决特定行业中共性技术、战略高技术及前瞻性关键技术问题的能力。行业背景和学科高峰是高水平行业特色型大学的最大优势。这也从侧面反映出了一所大学的创业能力,更能够体现此类学校为国家和行业培养具有创新精神和创业能力人才所能够提供的有效保障条件。

第三,高水平行业特色型大学重视知识产权,它们组建了具有支撑作用的创业组织,如科技园、成果孵化机构或技术转移中心,并能够有效地开展技术转移。此类混成的创业组织是使创业活动规模化并得以延续的重要条件,是向创业型大学转型的基本条件之一。技术转移是一所大学创业不可或缺的基本途径,是实现知识市场化、促进区域经济社会发展的必由之路(易高峰,2011)。

第四,高水平行业特色型大学几经转折的归属改革,加强了学校与多方的联系,来自行业企事业单位的教育科研资金成为学校收入的重要组成部分,部分解决了行业特色型大学资金紧张的问题。大量在行业企事业单位就业的毕业生成为学校继续与行业保持紧密联系和开展深入合作的资源。作为国家重点大学,此类学校也是国家优先发展和重点支持的高校,这些都为学校可持续办学拓展了外围空间。

第五,在大学与国家和区域经济发展的互动中,也促进大学不断调整学科、专业结构,朝着一个更有利于创新创业的发展方向转变,再加上长期以来与行业部门建立了广泛而深入的合作关系及具备了合作意识，形成了直接面向国家和行业需要开展教学、科研和社会服务的战略思维习惯和一体化的大学创业文化。由此可见，创业文化是创业型大学持续变革的精神动力和观念之源。

第三节　高水平行业特色型大学创业型类特色构建路径

本节基于创业型大学的生成机制与演变路径，主要针对高水平行业特色型大学向创业型转型的战略规划、知识资本化及社会引领作用三个阶段的演进过程，从自主制定创业型战略规划的能力，以知识资本化促进知识链协同效应的形成，以及通过政产学联合引领区域与行业的创新发展三个方面，来探讨高水平行业特色型大学创业型类特色的构建路径。

一、制定具备前摄性和创新性的创业型战略规划

在"双一流"建设的背景下，一种竞争性的等级进阶成为众多高校尤其是研究型大学重要的战略定位，在一定程度上也刺激了高水平行业特色型大学的战略转型。大学能否成功适应社会的深刻变革，在很大程度上依赖于学校制定和执行适当的战略政策的能力（杜德斯达，2005）。高水平行业特色型大学管理层应该对大学的组织能力与外部环境变化之间的匹配度进行有针对性的内部评估，由此对向创业型大学转型的价值理念、转型目标、转型策略等进行清晰的定位和梳理，加强教学、科研与服务职能的结合，突出服务行业和区域发展的历史使命，进而有效地指导大学的转型。战略规划的制定过程应该坚持知识创新与技术转移、组织转型的有机统一，既需要大学管理层深谙自身向创业型转型的发展优势和局限，又需要对行业特色型大学未来的转型改革方向具有前瞻性、战略性的思考与认知，同时具备对改革的执行力和决断力。行业特色型大学在进行内部组织变革的同时，需要获得资源提供者的协同。作为利益相关者

组织，高水平行业特色型大学的转型，尤其需要政府在创业型大学与创新型国家之间的战略协同、行业院校自主特色发展、知识产权保护等方面给予倾向性的政策与资源支持。

二、以知识资本化促进知识链协同效应的形成

我国行业院校由行业需求而生，因而在学科专业设置、人才培养模式、科学研究领域均呈现出明显的与行业产业链相对接的链状结构特点。例如，煤炭行业划转院校专门服务于煤炭行业，因而围绕矿产资源的开采与利用而开设采矿工程、安全工程、测绘工程等一系列的地矿类学科。因此，高水平行业特色型大学创业型类特色的构建，也应该从回归行业化的战略视角出发，在知识生产—知识迁移—知识应用的链条中，突出其在知识链协同过程中知识资本化的角色。

从大学组织内部各要素之间的关联性来看，人才培养、科学研究质量与师资水平等具有协同共生效应（马廷奇，2016）。要构建创业型大学的创业生态，就需要行业特色型大学在创新性人才培养、拓展具有商业潜力的研究领域、吸纳高水平的专业师资队伍等方面形成协同。从知识生产的角度看，要以市场需求为驱动，在知识创新的链条上，注重教学与研究的互动，打破现有的学科与基层院系组织，建构跨越边界和学科的新的学术研究单位，在人才培养的链条上，以学术创业主导创业教育，注重培养学生解决问题的能力，以此在整个知识链上促进原创性甚至是颠覆式创新知识与技术的衍生与开发。从知识迁移和应用的角度看，应通过建构创业衍生组织与平台，实现知识的资本化和科研成果的产业化。例如，从专业教育培训的角度，在与行业企业及相关协会的合作中，要准确把握相关行业当前和未来的培训需要（尤其是需要的技能），作为知识、系统的供应者应通过订单式培养、专题培训等形式，为相关行业和所在区域的继续教育及成人教育开拓市场。在创业平台的构建上，应通过已有的高校衍生企业（校办产业），吸引社会资本的注入，实现规模化发展，并通过大学科技园、产业孵化器、技术转移办公室等"中介机构"，提高科研成果的转化效率。

三、通过政产学联合引领区域与行业的创新发展

具备在更广泛的意义上推动社会变革的能力，是创业型大学作为创业机构追求的更高层次的战略目标。高水平行业特色型大学拥有较为丰富的行业知识、先进的技术设备及较强的知识创新能力，某些高水平的学术研究成果本身就可能孕育着经济和社会发展的形态，如人力资本、内隐知识和知识产权。因此，构建创业型类特色，应该站在更高的层次上，从推动社会经济发展的角度出发，以获得高校持续转型发展的动力。具体来看，应该发挥高水平行业特色型大学在区域创新体系中的核心作用，逐渐由被动适应转变为主导引领，由单一的项目合作转变为持续的战略合作（李文冰，等，2015）。从推动行业产业转型的角度来看，我国经济发展正进入结构调整、转型升级的攻坚期，在创新型国家、"中国制造2025"、供给侧改革等一系列战略政策的推动下，传统产业的升级调整、传统产业与新兴高新技术产业的融合、传统产业向新兴产业过渡等转型过程，更加需要高水平行业特色型大学的知识创新驱动及对创新创业型复合式人力资本的输出。因此，要促进高水平行业特色型大学的创业转型与行业产业的转型协同共进，实现互利共赢的局面。在整个转型过程中，政府拥有资金和组织调控能力，在技术创新政策与创新创业环境的创造与维护方面起着重要的引导作用。加强大学、政府、产业之间的互动作用，以螺旋式的创新模式推动知识的生产、转化、应用升级，实现系统中三者的协同进化，是高水平行业特色型大学向创业型转型，实现推动经济社会发展的"第三使命"的重要战略举措。

第八章

地方行业划转院校服务型类特色的构建

第一节　服务型大学的生成与发展

一、服务型大学的提出

大学职能中的"社会服务"来自"威斯康星理念"，它的核心是把大学的资源和能力直接用于解决公共问题。威斯康星大学创建于 1848 年，地处美国麦迪逊市，一直都是规模很小的非教派学院。20 世纪初，查尔斯·范海斯担任校长期间（1904—1918 年），正是威斯康星州的农业转型期，因此对专门技术和管理的需求十分迫切。查尔斯·范海斯校长顺应这一需求，提出大学必须为社会发展服务的办学理念，最终一系列的改革措施使威斯康星大学为州服务，推动了州的发展，同时也促进了自身的发展，而威斯康星理念也逐步得到全美甚至全世界高等学校的认同。一般认为，大学的社会服务职能主要体现为大学以满足社会需要为目的举办各种服务活动。

20 世纪 90 年代，与创业型大学的提出背景及时间相近，随着知识生产方式的转变与服务经济的发展，欧美国家开始出现"服务型大学"的相关研究。威廉·卡明斯对服务型大学进行界定时，强调"服务型"是寻求将旨在创造新知识的科学研究与新知识的实用价值转让给地方需求两者相结合，即将知识的创新与知识服务于地方经济发展相结合（Cummings，1998）。国外较为权威的高等教育机构分类体系，如卡内基高等教育机构分类体系和欧盟资助开发的高等教育分类项目 U-Map，均先后将社会服务纳入分类标准中。卡内基高等教育机构分类体系在 2005 年版之后，在综合分类之外，提出了选择性分类——社会参与度分类，主要是基于高等教育机构资源填报的数据，从课程服务、拓展和合作两个方面的表现对其服务能力进行评价。其中，"社会参与"主要描述高等教育机构与更大的社区（地方、区域、国家、全球）之间在互惠互利的合作关系背景下开展的知识和资源的有益交换（Carnegie Foundation，2015）。U-Map 项目分类则在分类体系中纳入了与社会服务相关的知识转化和地方服务两个维度（Vught，et al.，2010）。

在我国，刘献君教授首次提出了教学服务型大学的概念，并将教学服务型大学描述性地界定为：以本科教学为主，根据条件和需要适度发展研究生教育，教学和科学研究以服务地方为宗旨，培养地方需要的应用型人才，产出地方需要的应用性成果，大力开展以满足社会需要为目的的各种服务活动，形成了为地方全方位服务的体系（刘献君，2013）。刘献君教授提出的教学服务型大学概念，突出了高校的知识创新、传授、应用与地方经济社会发展的结合，在社会服务职能拓展的基础上，构建高校为地方全方位服务的体系，并将教学服务型大学的特征归纳为开放性、应用性、多样性和地方性四点。其中，开放性是指对内面向学术、对外面向社会的办学态势；应用性则主要体现在应用型学科专业、"双师型"师资队伍、应用性的创新人才和科研成果等方面；多样性则指高校根据自己所处的地域、所面向的行业，选择不同的教学与科研模式、组织制度形式和资源配置方式，形成自己鲜明的办学特色，并对学生开展个性化教育；地方性则是高校要根据地方经济发展状况、资源状况、人才需求，开展专业建设，确定人才培养方案和建设师资队伍。从某种程度上来说，"服务型"类特色即强调高校在与外部环境互动过程中体现出的具有鲜明特色属性的服务意识、服务能力和服务精神。

服务型大学兴起的影响因素主要包括三方面：首先，大学自身的历史遗传因素。大学本身就具有服务的特性，服务型大学的产生继承了大学的内在基因。其次，现代环境的影响。为满足外界社会发展对大学的要求，大学服务社会的功能愈加明显，因此服务型大学的产生顺应了时代的要求。最后，市场理性主义的兴盛。高校面对市场经济和高校之间的激烈竞争必须做出转变。可以说，服务型大学是在高等教育大众化发展进程中出现的，是以推动知识的创新、传授、应用与地方经济社会发展相结合为宗旨的现代大学。

二、服务型大学的发展特色

（一）人才培养注重应用性

不同于传统精英大学和职业院校，服务型大学是指具有服务性质的一类大学，人才培养是其服务于行业和地方的根本使命和主要方式。在人才培养的理念上，"注重应用、服务需求"是服务型大学在人才培养领域区别于其他类型大学的重要取向。在人才培养的应用性方面，服务型大学以学生为中心，通过以实践经验为基础的教学提升教学效果，使科研贴近生活、贴近学生，实现学科交叉、多学科研究，产生高水平的应用性成果。同时，其打破了学校的自我封闭，与企业、政府联合，在创新创业的实践中培养人才、服务地方，将教学、科研、社会服务三大职能整合起来，完成大学的核心使命——育人，培养适应区域经济和行业发展需求的高素质应用创新型人才。例如，浙江树人大学的培养方案一方面紧紧围绕着人才培养目标，以应用为导向，分析行业对应用型人才在知识、能力、素质等方面的要求，增加知识体系的广度和柔性；另一方面，注重课程的实用性和实践性，使核心课程群组化、专业方向灵活化、实践教学模块化。

（二）科学研究注重实用性

从学科逻辑上看，单一行业是一条线，地方区域是一个面，服务地方产业需要围绕行业产业链建设学科布点专业，强调针对性和实用性，服务型大学的科学研究注重对于特质环境下特定问题的把握和解决，成果以产品和技术的形式呈现，使科学研究具有目的性和功能性。服务型大学的科研活动面向行业和地方经济发展需求，与社会经济、产业发展、行业需求紧密结合，与企业生产实践紧密结合，在科学研究导向上研发符合地方经济发展需要的实用性科技成果，推广科技成果转化应用，对接企业技术开发需求，关注科技成果开发与应用需求，直接推进社会经济发展的进步。在专业调整上，按照专业嵌入产业链、产业哺育专业群的思路加强专业内涵建设，推进专业特色发展，以学生的全面发展和能力培养为导向，深化教育教学改革，创新人才培养模式，培养适应区域经济和行业发展需求的高素质应用创新型人才。作为地方经济发展的助推器，服务型大学坚持并突出了实用性这一基本原则，注重服务于特定行业，着力解决区域生产建设和实际生活中的现实问题。以江汉大学为例，该校的科研工作从武汉市经济社会发展实际出发，如"菊花耐热种质创新和推广示范"等6个项目紧贴社会需求，以技术发明、科技转化、成果应用和科技推广为着眼点，着重解决地方的实际问题，产生了巨大的社会效益和经济效益。

（三）社会服务注重有效性

服务型大学根据服务区域需求的导向，培养社会需要的高质量人才和符合区域产业需求的具有自主创新能力的人才。受地方经济结构调整和产业转型升级的影响，服务型大学以地方经济建设和行业产业为服务面向，以策应地方经济社会发展和行业产业转型需要，尤其是依托地域优势和学校自身的品牌优势，按照战略对接与具体项目相结合、主动服务与争取支持相结合的原则，探索服务地方的办学形式。江汉大学在近几年的时间里为省、市、区各级各类相关单位提供决策咨询数十项，"武汉农业集团发展规划（2008—2015）"等项目均取得了较好的经济效益。2013年，该校整合30家人文社科研究机构成立了武汉研究院，围绕武汉地区社会经济文化开展全方位的深入研究，承担起了武汉市政策咨询、理论研究、企业服务和人才培养等任务，在社会服务中建立了良好的运行机制，逐步形成了良好的社会服务氛围。

美国大学提出社会服务的职能已有200年，在其发展过程中，不仅实现了教学、科研体系化，也实现了社会服务体系化。美国高校社会服务体系的核心体现在"服务—学习"系统中，该系统专注于教学和学习策略，其特色体现为学习与服务并重，并以学生为中心的课程结构。其旨在通过融合社区服务活动、课程学习和结构化反思，丰富参与者的学习体验，增强公民的责任感，并促进社区发展。在长期的实践探索中，美国高校的"服务—学习"系统已形成了自己的特色，具体体现为以学用结合为立足点，充分体现互惠性的运行理念；以多维保障为落脚点，充分体现多样性的运行制度；以课程建设为着眼点，充分体现反思性的运行制度；以互利共赢为出发点，充分体现合作性的运行机制（刘献君，2016）。

三、构建地方行业划转院校服务型类特色的适切性分析

（一）特色服务是地方行业划转院校的本质特征与价值使命

行业划转院校具有深厚的行业背景，因为最初的兴起就是立足于行业，为行业服务，其本身就具有特定的服务对象、行业学科结构和办学传统，已经形成了自身的人才培养模式、科学研究模式、组织管理模式、资源配置模式和办学特色，具有服务属性和使命，同时具有开展服务的天然条件。

从办学指导思想上来看，行业划转院校肩负着服务国家行业需要、服务地方经济文化发展的重要职责。它的学科专业与行业的产业链条相对接，学科设置指向行业服务，培养人才的最大表演舞台在行业，其社会影响力也主要体现在行业中，只有把服务作为办学目标，行业划转院校才能找到发展的落脚点。服务工作做好，人才培养质量得到行业认可，社会满意，学校的发展才能够进入良性的循环，行业特色定位了地方行业划转院校的长远走向。外在上，具有行业背景的地方行业划转院校根植于行业，服务于行业需要，行业是地方行业划转院校发展的依托，更是学校发展的支持和后盾，地方行业划转院校发展的突破口正是在于以特色专业和人才服务促进经济社会发展。面对高等教育大众化和即将到来的高等教育普及化，如果能够在保持传统优势地位的基础上抢抓机遇，顺势而为，进一步增强特色和优势，同时提高应用型人才培养质量和应用型科学研究水平，就能够充分依托自身的智力与人才优势，助力地方经济建设，这也将成为行业划转院校面临的重要发展机遇。

（二）区域面向是地方行业划转院校的发展现实

地方行业划转院校作为地方主管院校，财政由地方拨款，从现实发展来看，地方是行业划转院校的生存之本、发展之源，没有任何一所高校可以脱离与地

区的互动，因此，服务区域经济社会需求是行业划转院校的发展之基。行业划转院校服务型类特色的构建理应立足地方、面向地方、服务地方，走地方化发展之路，在服务地方经济社会的过程中，充分利用地方提升自身的实力。生源地方化、办学功能地方化和运行方式地方化使行业划转院校的地方色彩越来越浓厚，学校与地方的关系也在发展中日趋密切，通过服务功能的发挥，能够更好地实现高校教育与经济社会的有机联动、互融互通，增强教育与地方经济社会发展的适应性。

未来，以科技创新驱动产业经济发展将是国家未来关注的重点，也将是推动我国经济和社会发展的主要模式，高等教育对我国创新驱动发展战略的作用将会越来越大。地方政府对地方高校"产业创新驱动力"的强烈诉求将会是前所未有的，企业对于高层次、高素质应用技术型人才的需求更加强烈，区域发展水平和政策将极大地影响地方行业划转院校的发展走向。行业划转院校的人才培养对地区的经济建设和社会发展具有重要的针对性功能与价值，因此，应将为地区培养大量适用性专门人才，为当地经济建设提供智力与科学技术服务，作为学校定位的根本立足点。地方行业划转院校依托区域给予的资源，着眼于区域经济社会和行业发展需要，以特色优势学科专业为基础，实现地方优势特色产业和高校优势特色学科专业的对接，真正服务于地方经济社会发展，就能够在服务中实现自身的长远发展。

（三）时代背景是地方行业划转院校的转型要求

随着高等教育大众化与转型经济的发展，地方行业划转院校面临诸多的新问题、新要求。当前，我国经济社会正处于大变革、大调整、大发展的新的转型时期，在市场经济新体制下，社会的需求日益呈现出多样化特征，高等教育尤其是地方高校的发展发生了一系列根本性变革，划转院校必然也必须走分类发展特色办学的道路，这是现代高等教育发展的规律，也是世界高等教育发展的趋势（刘振天，2014）。地方行业划转院校要真正更好地为地方经济建设和社会发展服务，就必须走服务地方、服务社会之路，多渠道、多层次、多方面地融入区域经济社会发展之中，如果脱离服务对象的需求，封闭式地办教育，其结果将是被边缘化、被淘汰。

从地方高校整体来说，目前地方高校各方面的工作都需要转型，需要大批资金作为后盾，而国家不可能提供这么多资金进行全面支持，学校也没有更多资金开展全面转型，所以从实际出发，以服务求支持，以奉献求发展，不失为一种现实的选择。地方行业划转院校发展得好，不仅能够解决学校自身发展的问题，还能够释放高等教育和人才市场巨大的人力资源红利，促进地区经济社会持续健康发展。大学本身是资源依赖型组织，有限的办学经费难以满足高水平办学的需要，办学资源紧缺已经成为制约地方行业划转院校发展的最大瓶颈。破解这一瓶颈的迫切要求，就是提高地方行业划转院校的社会服务能力，从服务中获取支持，强化行业服务体系建设，从而增强地方行业划转院校资源再生转化能力，增强应对风险的能力，提升地方行业划转院校控制外部环境的能力。综上所述，服务型类特色的构建顺应了服务经济时代的要求，促进了地方行业划转院校的健康持续发展，增强了教育与经济社会发展的适应性。

第二节　服务型类特色构建的影响因素

一、发展理念

办学理念是大学的灵魂，是办什么样的大学，如何形成办学特色，以及怎样办好大学的思想基础，同时也是大学培养人才的思想基础，这一思想基础有了特色，人才培养也就自然有了特色。树立服务型办学理念，学校的发展方向就会围绕服务型来构建。发展观念属于顶层设计层面，如果对服务的观念不能在学校层面、学校领导层面、政策文件等层面进行很好的设计，那么可能就会无法建成服务型类特色。

在人才培养方面，不同类型大学的取向不同，其人才培养的追求也不尽相同。比如，传统大学比较注重知识本身体系构成的规律，相对忽视了来自社会的需求，其人才培养的结果就表现为知识体系较全、实践能力较弱，而职业类院校的人才培养是以实务技能培养为导向的，两者的人才培养理念均不完全符合服务型类特色构建的人才培养目标。以服务为理念，行业划转院校的人才培养目标就会体现出服务性与实践性的特点，同时重视对学生综合素质和人文素养的培养，这样既能充分满足学生、家长和政府对就业的需要，又顾及了学生的全面发展，适应了社会对人才的多方面需要。

在服务对象方面，行业划转院校的服务对象范围广，但最主要的就是服务于行业和区域，即在服务内容上具有较强的精准性，服务对象具有较强的针对性。只有在服务对象上明确发展观念，行业划转院校服务型类特色的构建才能够促进和推动高校知识的创新、传授、应用与地方经济社会发展相结合，从而促使高校在与区域环境的深入互动中，更加彰显具有鲜明特色属性的服务意识、服务能力和服务精神，将原有实践基础与当下服务的区域和行业有机统一起来，这是顺应时代要求的理性选择。例如，武汉纺织大学是一所具有深厚行业背景的地方高校，其最初的科研基础并不是很好，但是其紧跟纺织产业和区域经济发展，强化服务理念，凸显服务特色，在服务社会的过程中提升了研究能力，获得了大量资源。因而，该校先后获得国家科技支撑计划、"863 项目"、"973项目"资助，科研经费总额达 2.4 亿元。获国家级奖项多项，学校发生了根本性变化，在培养应用型创新人才工作方面获得了重大进展（尚钢，2013）。

二、区域环境

"区域"首先是一个地理学的概念，是指土地的划界，同时"区域"又是一个经济上的重要概念，因为我国的经济特征与自然基础紧密相连，因此，我国的区域划分是以地理和经济特征为基础的，区域之间的经济发展水平、增长速度、经济形态等也表现出了明显的非均衡性和差异化特征，出现了农业社会、工业社会、信息社会形态并存的发展格局。

区域环境对服务型大学类特色构建的影响主要是通过其所处的自然环境和人文环境来进行的。自然环境主要是由地方所独有的地形、生物、矿产、气候等因素构成的。它们是服务型大学类特色构建的重要因素，具有不可替代性和很强的竞争力。人文环境指地方所独有的政治、经济和文化环境。其中，政治环境主要体现在政府方面，行业划转院校以地方经济和社会发展的需要为走向，地方政府对其发展的特殊政策会对其特色的形成产生非常大的影响。经济环境对服务型类特色的形成同样有着不可忽视的作用,尤其是东部沿海地区高校,由于所处地方经济条件好、产业规模大,容易形成需要较大投入的工科类学科专业特色。而西部贫困地区的教学服务型大学,其所处地方的经济基础薄弱,大多属于农业地区,但生物、旅游等资源丰富,学科专业朝着农学、林学、管理学方向发展,容易形成特色。行业划转院校如果围绕这些环境因素进行建设,其发展就会具有较强的独特性和不可替代性,在科学研究和人才培养方面都将具有很强的竞争力与生命力。文化环境主要包括地方独有的历史文化环境和民族文化环境,文化是高校发展振兴的灵魂,大学的教育就是有目的、有计划地进行文化育人。特定行业的组织行为与文化方式的历史积淀构成了行业高校的文化精神,其文化传承与文化精神的培育指向区域文化,以区域文化作为文化基调,能够体现出学校对于自身发展所处环境、办学价值和阶段任务的判断、理解和把握,地域文化也从根本上影响着行业划转院校办学特色的形成。地方独有的历史文化和民族文化将会成为这类院校人文类学科专业特色产生和形成的重要资源,还会促成特色科研的形成,自然也能够促进特色人才的培养。

一般而言,不同经济形态、发展水平需要不同类型的人才与之相对应,反映在高等教育上,也应有不同程度的区域性差异。因此,在宏观布局与建设上,行业划转院校应注重适应区域环境的需要,这样才能因地制宜地制定和实施与区域经济社会发展相适应的发展战略,在服务区域中充分实现自我发展。特殊的地域环境不仅是影响服务型类特色构建的主要外部环境因素,还有可能是影响行业划转院校类特色形成的最主要因素。

三、学科专业

作为具有行业背景的地方高校,走特色发展之路是必然选择,学科专业是学校特色发展的依托,是高校服务地方的长效机制,建设与区域支柱产业和新兴产业高度相关的学科专业,是构建应用型学科专业体系的关键。随着行业划转院校的转型发展,其专业设置与地方经济社会发展需求的对接越来越紧密,与地方经济社会发展的交互性也越来越强。因此,学科专业布局只有面向地方、了解地方、学习地方和融入地方，地方行业划转院校才能服务地方，才能建成与地方相互作用、满足地方价值诉求、契合地方文化的服务型类特色大学。服务型类特色的构建，要求行业划转院校准确定位，找到自己的特色，围绕地方经济社会发展尤其是地方产业的发展需要来立项，要接地气，切实解决地方经济社会发展中出现的经济、社会、文化、科技方面的问题。比如，铜仁学院所处的铜仁市有3个国家级自然保护区、8个国家级水产资源保护区，一个地市拥有如此多的资源是全国少见的。该校围绕地方资源建设的"野生动植物保护与利用"是省级重点学科，"水产养殖工程中心"是贵州省高校工程中心，"梵净山特色野生动植物资源重点实验室"是贵州省高校重点实验室，团队成员所开展的科学研究大多围绕保护区做文章，与行业合作进行资源普查和保护，与企业合作进行资源开发和利用，取得了一大批独具特色的科技成果。

在学科建设上，需结合地方的经济发展和新兴产业发展，建设与本土产业特色相契合的学科体系；加强交叉学科的联系，构建以重点特色学科为核心、附属交叉学科为外延的学科群落，保持学校学科专业与地方产业的互动发展。以服务于州见长的美国州立大学在创建之初就秉承为地方服务的理念，采取了避私立大学锋芒的策略，选择了农业、工程、商科等私立大学不太重视或发展水平相对较低的应用学科，进行学术研究的突破，如威斯康星大学的农业实用研究，以及康奈尔大学9个实用性较强的专业的设置，应用学科研究的突破不仅为州立大学奠定了研究基础，也创建了特色学科。

在专业设置上，要具有适切性和前瞻性。所谓适切性，具体表现为：第一，了解地方经济社会的产业结构现状，大学可以在专业设置上避开地方"冷门"专业，有效提高人才培养的利用率，避免人力资源的浪费；第二，依托地方特色产业建设的实际，可设置相应的特色专业，促进大学与地方产业的协同建设与发展。所谓前瞻性，具体表现为：判断地方产业发展与转型的趋势，调控专业建设的数量、类型和层次，满足当前产业对人才的需求，也要顺应未来产业发展的趋势。

在人才培养模式上，可构建以基础知识理论为根基，以地方特色产业所需为依据，以跨学科知识为补充的人才培养课程体系，加强"双师双能型"师资队伍的建设和创建与地方企业对口支援的兼职教师队伍，强调"教学与实践相结合"的教学方法，可以融入"地方特色产业与学校强势专业结合"的教学模式，注重知识的实践甚至技术上的创新以达到其人才培养的目标，即应用型人才的培养。

第三节　地方行业划转院校
服务型类特色的构建路径

从根本上来说，服务型类特色的构建不仅是地方行业划转院校适应外在压力的需要，也是其实现可持续发展的内生需求。因此，服务型类特色的构建，应该由内而外，从认知观念着手，以结构调整为手段，以服务社会发展为目的，由此生成地方行业划转院校的认知性转化路径、结构性转化路径和结合性转化路径。在服务型类特色构建过程中，三种转化路径之间相互作用，进而通过螺旋式的循环上升过程，演化形成服务型类特色的建构体系。

一、认知性转化：树立"服务型"的特色办学理念

大学作为社会文化系统的重要组成部分，具有内在的学术性和外在的社会性特征（刘宝存，2004）。大学办学理念主要体现在大学在履行职能过程中社会需要与大学内部逻辑的统一。就目前来看，地方行业划转院校在现有的资源配置和评价模式下，重学轻术、重理论轻实践的倾向严重，讲规格、重层次的发展目标，导致地方行业划转院校办学定位出现偏差。要树立服务型的特色办学理念，行业性作为地方行业划转院校由内而外形成的遗传基因，区域性作为其自外而内形成的环境身份标识，都应该成为地方行业划转院校发展定位的重要着力点。作为地方院校，随着地方的发展而发展，为地方经济社会发展服务，推动、引领地方经济和社会的发展，应该成为其重要的使命。作为行业院校，依托行业而生，通过推动行业产业的应用创新、技术革新、人才更新实现行业

产业的转型升级，也成为其重要的服务面向。因此，对于以教学服务为侧重点的地方行业划转院校来说，其发展的方向不应是研究型大学而应是创业型大学。

大学理念的核心在于人才培养。随着新经济的快速发展，在再工业化、智能制造、"互联网＋"等新一轮的信息变革背景下，高校人才培养目标和理念也在发生转变，尤其是对于工科高级专业人才的培养，"大工程观"的理念价值正在凸显，高等教育更加突出以学生为中心，以实践为驱动，以问题解决能力为导向，更加注重培养具有创新创业能力和跨界整合能力的专业应用创新型人才。行业划转院校供给与行业需求之间的数量和结构的失衡倾向，与行业划转院校供给侧的供给质量有关。针对目前地方行业划转院校人才自我培养、自我评价的封闭状态，其应该改变单一的教学模式，适应外部环境的变革，加强在人才培养与质量评价过程中的社会参与，以"促进学生成长"为教育理念，进而增强学生的创新精神、实践能力和社会责任感。

此外，在服务型类特色的构建过程中，共同文化理念的建构也尤为关键。地方行业划转院校多年的办学传统中形成了行业属性与区域特色交织的组织文化。在服务型类特色的构建过程中，该类高校应该注重多种文化的融合与升华，进而形成对"服务型"办学理念的共同认知，并以核心价值理念的形式嵌入其发展变革过程中，对地方行业划转院校的组织转型、特色发展产生导向、约束、凝聚、激励和辐射作用。

二、结构性转化：构建与社会服务相适应的办学体制与机制

首先，是学科专业结构。应用型人才培养与应用性科研成果的产出，均需要高校具备合理的学科专业结构。在提高专业结构与产业结构的关联度方面，可以借鉴武汉纺织大学的建设经验，将专业嵌入产业链，用产业哺育专业群。地方行业划转院校的相关优势学科和特色专业均是依托特定行业的产业链而建，因此具备较好的知识基础和技术积累，关键要看嵌入产业链的深度、精度和广度，进而紧随产业转型方向，洞察产业发展前景，引导产业升级。产业哺育专业群，则是指通过新兴产业或产业转型带动多个专业的铺设和整合，进而推动

多个学科的集合、交叉与衍生。

不同的专业由不同的学科门类支持，不同的学科由不同的课程来体现。因此，课程设置作为教育教学的基本依据，在一定程度上决定了专业的趋向，是实现教育目标的基本保证。美国高校服务学习系统的建构对于地方行业划转院校的服务型、应用型人才培养具有一定的借鉴意义。服务学习即是将有意义的社区服务经验与学术性学习、个人成长和公民责任相结合的教与学的方法（Lee, et al., 2008）。因此，应将社会实践尤其是系统性、层次性的专业实践活动纳入课程体系中，强调学习与服务并重的课程理念，促进高校与社区之间的紧密合作，并重视学生在社会实践与课堂学习不断切换过程中对服务经验的反思。

其次，是师资队伍结构。应用型人才和应用性科研成果的产出，均需要高素质的师资力量作为保障。在"服务型"类特色构建的语境下，对教师的专业实践经历与从业经验提出了更高的要求。因此，在专业教师的选拔、引进、培养过程中，除了强调教学能力和科研水平外，更加注重教师的企业经历及工程实践能力。部分地方行业划转院校在区域、专业、发展水平等方面存在局限性，教师来源多为"内生源"，相同学缘关系的近亲繁殖限制了相关学科专业不同学术思维的碰撞、创新知识产出与人才资源的流动，因此，需要在教师结构的组成上注重多元化，关注学缘结构的合理性，注重引入外来精英人才。同时，应更加注重社会力量的参与，依托行业优势，将行业、企业的专家引入高校师资库，通过参与专业建设委员会、企业型导师、专家授课等形式，在师资上加大与行业企业联动的力度。

最后，是内部治理结构。就目前我国的管理体制来看，大学办学自主权成为各种管理问题的根源，也成为大学实现各种改革目标的基础和前提。王洪才教授认为，中国大学要实现真正的治理，必须改变目前封闭式的大学治理模式，大力吸引社会力量参与，保证教授的学术自治权力，由此趋向共同治理模式（王洪才，2016）。"服务型"类特色的构建过程，尤其需要多方利益相关者的参与，建立与企业、社会共容共生的组织制度（刘献君，2013）。在社会参与形式方面，可以以固定的组织机构或组织成员形式，如建立企业战略联盟、协同创新中心、工程实践基地，将行业企业及社会人士引入董事会或理事会，进而参与大学发展规划、学科专业建设、人才培养方案制订、人才社会实践环节及人才质量评价，联合进行应用创新研究。地方行业划转院校向社会开放的过程，也是传统校园文化与产业文化、社会文化融合的过程，学术价值与市场价值的冲突在所难免。因此，需要从现代大学制度建设、教师评价激励机制等方面，保障教授在治理结构中的参与权利和参与积极性，运用学术权力与学术自由坚守学术价值底线，在知识资本化和教育市场化的过程中，做出符合学术价值和学术理念的价值判断。

三、结合性转化：构建全方位的社会服务体系

服务条状的行业企业与服务块状的地方经济、培养应用型高级专业人才、产出应用性科研成果、开展满足社会需要的各种服务活动，是地方行业划转院校应履行的主要使命，因此，可以从社会服务、科学研究、人才培养三个方面构建全方位的社会服务体系。

首先，从为地方政府提供决策咨询的角度，以地方经济转型方向为着力点，与自身的办学优势相衔接，通过建立咨询机构、开展课题立项、专题研究等形式，从数据收集、立论方法、趋势预测、评估反馈等方面，在地方政府乃至整个区域发展决策中发挥智库作用（张婕，2010）。例如，辽宁工程技术大学与阜新市政府合作成立阜新转型创新发展研究院，以阜新等为代表的资源枯竭型城市为研究对象，对资源枯竭型城市的发展现状、发展困境、转型路径等进行研究，为城市经济转型提供决策支持。

其次，从教育培训合作、技术问题攻关的角度，依托特色专业优势，与区域和行业企业建立中长期的伙伴关系，通过深入挖掘相关行业企业当前乃至未来的技术及知识需求，提供其需要的专业技能，拓宽知识输出的渠道。以问题为导向，针对行业企业难以解决的重大技术难题、关键技术研发问题等，组建专门的研究群体，通过技术革新与应用创新带动地方和行业的转型发展。而在通过培训、技术攻关等形式的知识输出过程中，对社会知识需求的挖掘及对社会生产过程中的关键技术和核心技能的把握，也能在一定程度上指导人才培养方案及专业学科建设方向的调整，进而形成动态的知识交换、更新与服务过程，

以此为契机能够推动地方行业划转院校有效地适应知识社会化。

最后，从应用型人才输出的角度，拓宽人才输出的渠道，满足区域和行业多样化的人才市场需求。针对人才供求的失衡问题，在提升供给侧人才培养质量的同时，要更加了解需求侧的需求结构和需求程度。凭借原有的行业特色专业优势，重新整合行业产业转型的人才供需链条，通过面向地方发展前景的新兴学科专业建设，与地方企事业单位建构新的协同网络，扩大专业人才的辐射范围。

第九章

同类行业划转院校战略联盟的建构

第一节　同类行业划转院校战略联盟的形成与发展

一、战略联盟概述

（一）战略联盟及其相关理论基础

理论界普遍认为，战略联盟作为一个明确的概念，最早是由美国数字设备公司（Digital Equipment Corporation，DEC）总裁简·霍普兰德和管理学家罗杰·奈格尔提出的，主要指由两个或两个以上有着对等经营实力的企业，为了达到共同拥有市场、共同使用资源等战略目标，通过各种契约而结成的优势相长、风险共担、要素双向或多项流动的松散性网络组织。史占中（2001）认为战略联盟是介于企业与市场之间的一种"中间组织"，联盟成员之间的协作关系表现出相互往来的平等性、合作关系的长期性、整体利益的互补性及组织形式的开放性等特征。

从战略联盟形成的理论基础来看，企业战略联盟主要是基于交易费用理论、价值链理论及企业资源能力理论三大理论形成，强调战略联盟这种企业的合作竞争模式带来的交易成本减少、资源优化与共享、产生"净竞争优势"等合作收益与价值。从交易费用理论出发，战略联盟建立的是一种节约交易费用的制度安排，企业之间通过联盟合作可稳定教育关系，进而减少交易费用，纠正市场缺陷，抑制交易"内部化"倾向，从而避免组织失灵。从价值链理论出发，在各自的价值链环节上拥有不同核心专长的企业之间相互合作，可以在整个价值链上创造更大的价值，而共享价值链的过程也是降低成本、产生新的产品或服务价值的过程。企业资源能力理论则认为，战略联盟企业相互之间进行战略性合作，可以促使双方在更大范围内实现资源优化配置及核心能力的互补融合。

随着战略联盟在各个领域的广泛应用，国内外学者纷纷尝试从管理学、经济学、政治学和社会学等视角来分析战略联盟的产生与管理问题，如组织协同学理论、学习理论、社会网络理论等。这些视角的切入更好地阐释了战略联盟成员的合作所带来的知识、技术、产品及人才等方面的聚合效应、学习效应和集群效应。

（二）大学战略联盟的相关界定

自 20 世纪 90 年代开始，战略联盟的研究开始扩展到高等教育领域。大学战略联盟的概念界定、特征概括、分类方式等多从企业战略联盟理论中抽象而来。高等教育机构与企业在本质属性上存在差异，企业战略联盟理论的适用性受到质疑。随着大学战略联盟实践的不断丰富与发展，关于大学战略联盟的概念、分类、组织形式等尚未形成统一的认识。就大学战略联盟来说，存在多种不同的概念表述方式。目前，国外学者多用"高校合作"（interinstitutional cooperation）、"学术联盟"（academic consortium）、"高校协定"（interinstitutional arrangement）等来描述高校之间的战略伙伴关系，而国内学者倾向于用"大学联盟""高校联盟""高校战略联盟""教学联合体"等来表述。对大学战略联盟概念的界定，则主要从大学战略联盟的组织形式、合作领域、联盟目的等方面展开。例如，Lang 认为现阶段的大学联盟主要是指三个以上有共同战略目标的大学，为形成聚合效应和避免过度竞争，在自愿平等协商的基础上组成的资源共享、优势互补、责任共担、互利互惠、相互学习、共谋发展的松散型多边合作组织（Lang，2002）。这一界定更强调大学联盟构建的战略目标。程勉中（2005）认为高校联盟是"在两个或两个以上的高校（或高校与其他特定组织、机构）之间，围绕某一共同的战略目标，通过协议或联合组织等方式而建立起来的互为补充、互相衔接的一种相互合作的联合体"。这一概念包含了高校之间及高校与科研机构、产业组织、各类社会办学力量等其他特定组织机构之间的合作，是一种相对宽泛的概念界定。董志惠等（2006）借鉴战略联盟的概念，认为大学战略联盟是大学之间通过资源共享和项目合作，为实现大学学术水平的提高、降低大学的管理成本、共同解决大学发展中的重大问题等战略目标，并通过各种契约而建立起来的松散型网络组织。吴越（2016）则认为大学战略联盟是三所或三所以上有共同利益追求的高校，在高校内外部力量的作用下所形成的受一定的共同规则所约束且各校保持身份独立的多边合作组织。这一界定更多地强调了大学战略联盟产生的动因、独立性地位及受共同组织规则约束。本章主要采纳董志惠的观点，以更加突出大学战略联盟之间的战略性合作。

目前，各种大学联盟成员的合作主要集中于学术合作、人才培养和资源共享等几个领域，并呈现出明显的战略目的性、结构松散性、成员超地域性、方式灵活性等特征（李威，等，2011）。吴越等（2012）基于理性选择制度主义理论，依据行动者与行动情境两个维度，将我国高校联盟分为区域同质高校联盟、全国同质高校联盟、全国异质高校联盟和区域异质高校联盟四种类型，尤其强调了国家权力、学术权威和市场力量三种力量在不同的联盟类型中的作用，例如，区域性高校联盟中地方政府的强势引导作用，全国异质高校联盟受市场机制的影响，联盟成员之间多构成强强联合的利益集团。其中，全国异质高校联盟的主要特征是专业权力是推动高校联盟形成的核心力量；联盟具有行业性质，旨在维护行业高校的利益；成员高校在形式上平等，但强势高校仍起到领袖作用。但这种界定方式只局限于国内，并未涉及跨国性的高校联盟。

本章的主要研究对象为同行业划转院校战略联盟，是一种具有行业性质的全国异质高校联盟，即是服务于某一特定行业的行业划转院校跨越不同区域、超越办学层次和水平的差异，基于共同的发展愿景，通过各种契约形式而纵向联合形成的协同组织。

二、大学联盟的形成与发展

（一）国外大学联盟的形成与发展

尽管战略联盟的概念由企业管理领域引入，但高等教育领域的大学战略联盟实践却在 19 世纪末到 20 世纪初就已经萌芽。19 世纪末，美国高校通过与社区合作，共同举办体育运动竞赛，组建体育竞赛联盟，来提升学校知名度、吸引优质生源、争取办学经费，被认为是大学联盟最早的雏形。1900 年成立的美国大学联合会（Association of American Universities，AAU），被学界公认为第一个大学联盟。该联盟成员主要为美国研究型大学，致力于提升研究生教育的质量和大学声誉。大学战略联盟的产生与这一时期高校职能的扩展，以及科学研究与社会服务职能的产生和发展存在着重要的关联。科学研究职能推动着高校学术自由及知识的创新，由此产生以学术交流、学术合作为主要内容的具有学术共同体性质的高校间的合作。随着高校社会职能的产生，高校逐渐参与到社会中，与经济发展产生联系，由此产生社会价值和竞争关系。这一时期的高等教育还处于精英化教育阶段，各高校还未感到发展规模的压力，大学之间的合作多数局限于学术领域，而且合作形式相对较为单一和松散（郭鑫，2011）。

第二次世界大战后，随着高等教育大众化的来临，世界各国的高等教育规模与结构得到了极大的丰富，高校资源需求的增长速度远远高于国民经济与国家税收的增长速度。许多国家高等教育经费的压缩及高校资助模式的改变，使得很多高校面临着高等教育的质量危机，一些弱势高校面临着生存危机，联盟成为这种困境下的重要战略选择。据不完全统计，1966 年美国的大学联盟数量达到了 1017 个。20 世纪末，在科学技术不断变革、市场经济以及全球一体化不断发展的背景下，高等教育在服务经济社会发展方面的功能得以凸显，为了提升高等教育质量和高等教育的国际竞争力，西方发达国家纷纷建立了一批高水平的研究型大学战略联盟，例如，1991 年成立的巴黎高科技工程师学校集团（Paris Institute of Technology，Paris Tech），1994 年成立的英国罗素集团及澳大利亚的八校联盟（Group of Eight，Go8）等。由此可见，大学战略联盟数量激增，在合作形式、领域、管理等方面都实现了多元化的发展。

（二）我国大学联盟的形成与发展

我国大学联盟产生于改革开放以后，为适应高等教育体制改革需要，改变计划经济体制下"条块分割"的单一模式的高等教育体制，整合行业领域的高校优势资源，解决实际生产中的复杂问题，在教育部的调控下，多个类型的行业院校陆续以"协作组"的形式展开高校群体间的横向合作。1982年，经部党组批准成立教育部部属高等工业学校教育研究协作组。同时，各个行业部门也成立了相应的教育研究协作组，如煤炭高校教育研究协作组、交通高等教育研究协作组、全国高等药学教育研究协作组等。这些协作组主要围绕在进行高等教育过程中出现的问题进行研讨，内容主要涉及人才培养、师资队伍、高教管理等。协作组成员一般由各个成员单位选派，协作组具有统一的协作组暂行工作办法，这一时期协作组内各单位通过设置高教研究室，出版研究刊物，共同拟定研究课题，举办不定期的学术交流和定期的年会等学术活动，以提升高等教育质量。整个协作组的运行与决策都由政府进行统筹，协作组成员之间、协作组与行业企业进行广泛协作，合作内容主要以该行业的高等教育研究为主，这种具有明显的行业协会特征的协作组模式已经初具大学联盟的基本特征，也是全国异质高校联盟的最初形态。

20世纪90年代，在推进高等教育体制改革的过程中，地方政府在区域高校联合办学过程中发挥了重要作用。1994年出台的《国务院关于〈中国教育改革和发展纲要〉的实施意见》中，明确提出要"通过必要的政策导向和社会需求的调节机制，促进国家教委所属院校、中央业务部门所属院校、地方所属院校之间以及地方院校之间的联合，鼓励普通高等学校和成人高等学校之间的联合与协作，合理调整高等教育布局"（国务院，1994）。为响应政策要求，部分中心城市如北京、上海、广州、武汉等地方政府通过组织区域内的高校展开合作、组建教学联合体等形式，来促进高校间资源的流动与集成，提升区域高等教育的发展水平，如上海西南片联合体、广州石牌区五校联合体、武汉七校联合体、北京学院路地区高校教学共同体等。这一阶段我国大学联盟主要以区域性高校联盟为主，以教育资源的共享及优势互补为合作初衷，联盟运行过程中高校的主体性增强。可以看出，21世纪之前的高校合作联盟形式，多是政府以政策为导向的基于特定的教育体制改革目标而建立的，在构建长期、稳定、系统的战略性目标与框架方面还稍显不足。

进入21世纪，随着社会主义市场经济的发展，高等教育规模的扩张、科学技术的深刻性变革，高等教育全球化带来的高校竞争性需求、学术互动性需求、国际声誉需求等多样化的需求，极大地促进了我国大学联盟发展模式的多样化。2003 年 9 月，《钱江晚报》发表的《美国有个常青藤盟校，中国有个长三角名校联盟猜想》一文，成为我国高等教育领域运用"联盟"来表述高校之间的合作关系的重要开端。大学战略联盟真正意义上的战略性合作也逐渐成为一种普遍现象。2005 年，由复旦大学、上海交通大学、华东师范大学、南京大学、东南大学、浙江大学等高校利用地理位置毗邻、办学各具特色等优势成立长三角高校合作联盟，以组织校际的友好辩论赛和学术暑期实践活动等方式展开合作与交流。2008 年，以铜陵学院为代表的安徽一批应用型本科院校联合成立安徽省应用型本科高校（部分）联盟，成员多为新建本科院校，合作领域涉及成员高校的办学定位研讨、专业共建、教材建设等。该联盟由联席会议演化而来，地方政府在其中成为重要的主导性力量。2009 年，基于建设世界一流大学的客观需要和政府的主观引导，北京大学、清华大学、浙江大学等 9 所"985 工程"重点建设高校联合成立九校联盟（C9）。随后，具有区域异质高校联盟性质的"重庆市大学联盟"等，具有全国同质高校联盟性质的"北约"自主招生联盟、"华约"自主招生联盟、"高水平行业特色大学优质资源共享联盟"等，属于全国异质高校联盟范畴的全国政法大学"立格联盟"、"海洋大学联盟"等多种形式的高校战略联盟相继成立。2010 年出台的《国家中长期教育改革和发展规划纲要（2010—2020 年）》指出，要推动高校创新组织模式，探索高校合作发展机制。2012 年出台的《教育部关于全面提高高等教育质量的若干意见》也指出，要"建设优质教育资源共享体系……鼓励地方建立大学联盟，发挥部属高校优质资源辐射作用，实现区域内高校资源共享、优势互补"（教育部，2012）。高校战略联盟的构建成为我国高校达成一流大学和一流学科建设目标的重要发展趋势，高校战略联盟迎来新的发展机遇。随着高等教育国际化的发展，近年来我国多数高水平的研究型大学开始更多地活跃于跨国性的校际合作活动中，积极加入多种形式的国际性大学联盟，如世界大学联盟、环太平洋大学联盟、金砖国家大学联盟、21 世纪学术联盟等，成为我国高等教育跻身国际一流水平、发挥国际影响力的重要平台。

第二节　同类行业划转院校战略联盟建构的适切性分析

一、同类行业划转院校战略联盟建构的动因分析

（一）后工业时代与知识经济背景下协同创新理念的生成

在世界经济全球化、区域经济集团化、国际分工专业化尤其是第三次科技革命带来的科学技术的深刻变革背景下，为适应市场需要，各种生产系统和生产流程中的各类创新资源呈现出高度集成化、敏捷化、并行化、网络化的特征，形成了系统集成与网络创新并重的技术创新模式（彭纪生，等，2000）。随着技术创新模式的演化，自然科学、技术科学和人文社会科学等传统的学科体系逐渐跨越学科边界，产生渗透交叉，大学的人才培养模式创新、学科专业结构优化及科学研究领域的开拓等方面都将面临重要的转型的冲击。然而，随着大学逐渐进入社会轴心，面对复杂多变的外部环境，知识生产模式的变化给高等教育系统内部要素与外部需求的适配过程、形式及方法带来更多的不确定性。学科互涉、知识社会化的变革在一定程度上催生了知识共享、协同创新的价值需求。

康德的《纯粹理性批判》在知性范畴的论述中曾提及协同性，他认为协同性是主动与受动之间的交互作用。作为关系范畴的重要界定，康德更强调主体间的"协"。20世纪70年代，系统协同学的思想最初由德国斯图加特大学教授哈肯提出，强调各种系统和运动现象中系统之间或系统内部各要素间产生关联，形成协同关系，由无序到有序转变的共同规律（哈肯，1989）。哈肯的观点侧重于阐述主体间协同的过程，强调主体间的协同最终达到"同"的目的。麻省理工学院斯隆研究中心的彼得·葛洛则提出协同创新（collaborative innovation）是由自我激励的人员组成的网络小组，形成集体愿景，借助网络交流合作实现共同目标的过程（Gloor，2005）。理想的协同则可以超越具体的业务、组织和模式，成为一种协同环境，协同主体间通过要素的流动产生协同效应，进而获取

创新成果。协同效应的最终获得除了"协",更多的是多个系统之间经过要素的双向或多向流动而实现"同",即重新建构一个协调、系统、有效的交互系统。从协同学的视角来说,高校之间的联盟形式与协同理念的生成、协同环境的培育及协同效应的产生有着较为密切的关联。

(二)资源依附语境下行业划转院校的联盟利益诉求

资源依附理论认为,资源使组织对外部环境形成依赖,组织通过与环境的交换实现自身的发展。资源稀缺性和重要性决定了组织对环境的依附程度。作为一个资源依附组织,大学教育资源主要依赖外部环境供给,联盟的目标主要基于资源与利益需求,而大学联盟成员在合作基础上的利益共享和风险共担,在一定程度上改变了高校的竞争方式。一是通过联盟的构建,使行业划转院校外部定向的资源转化为联盟内部的可配置要素,避免同类院校之间对有限资源的过度竞争,并融合各大学的核心能力,实现资源共享,形成集合效应。二是各个行业划转院校共享要素的重新组合,集合效应下联盟系统对外部环境的适应能力及资源的获取能力、范围和质量都将会形成放大的效果。院校管理体制改革后,各行业院校与行业之间的链条关系逐渐弱化甚至断裂,碎片化、松散式、单一性的行业需求对接,行业划转院校为行业服务的系统性减弱,而来自行业供给的资源链条也被割裂甚至隔离。行业院校尤其是划转地方管理的行业院校,在正式管理序列中的地位与话语权被不断削弱,政府缺少具有针对性的政策支持及专项经费资助,只能与其他类型院校竞争有限的资源配给,进而直接影响行业划转院校获取资源的能力与质量。受资源供给的制约,这又会进一步影响行业划转院校发展方向和发展水平的分化。在行业特色浓厚与行业转型的错位、失调,以及行业划转院校办学定位与服务面向摇摆不定的局势下,抱团取暖,在合作的基础上集成合力,发挥整体效益,实现战略协同,成为行业划转院校在新一轮的转型变革及"双一流"建设背景下重要的战略选择。

(三)学术共同体视角下的学术价值及知识创新驱动

尽管大学联盟理论由企业战略联盟理论移植而来,但两种联盟之间存在着本质的区别，企业联盟以经济利益为导向，而大学联盟则主要以学术为旨趣。作为研究高深学问的场所，学术力量始终是高等教育机构存在的基础，在一定程度上决定了高等教育机构在整个系统中的"类"与"位"，进而决定了大学的竞争力和影响力。同类行业划转院校战略联盟主要基于同一类型的行业划转院校相近的行业背景、行业服务面向、行业特色专业的绝对优势，以及在与行业共生共存过程中形成的专业文化而形成的。行业性既是同类行业划转院校的最大公约数，也是此类院校参与高校竞争、实现特色发展的决定性因素。相比其他类型的大学联盟，同一行业领域研究特色及由此形成的较为统一的学术范式及价值系统使得这种联盟具备了学术共同体的特质，获得学术共同体的认可也成为衡量联盟产出绩效的重要评价标准。同时，在联盟的基础上，学术共同体氛围的营造，能够促进联盟成员间知识尤其是隐性知识的交互，进而产生学习效应。遵循"为学术而学术"的理念，发挥专业聚合优势，探讨学术前沿，追求学术真理，充分发挥知识创造的价值与人才培养的价值，是同类行业划转院校战略联盟的价值旨归。这种价值追求推动着专业权力的形成，由此成为这类大学联盟得以持续发展、发挥影响力最为根本的驱动力。

二、同类行业划转院校战略联盟建构的障碍分析

（一）地域局限、政策供给不足等外部环境的制约

回溯行业院校的创建历史，多是特定历史时期、依托特定行业、归属于特定区域而产生的，跨区域组建战略联盟，使得联盟成员之间的沟通与互动受到一定的时空限制，尤其是对于某些特定合作领域如共享教学、科研设备资源、节约成本、集成资源、形成规模效益等的实现都产生了一定的影响。同时，由于大学联盟本身牵涉多个利益相关者复杂的相互作用关系，地方政府在大学战略联盟尤其是区域性的大学联盟发展过程中起着重要的主导性作用。同类行业划转院校分属于不同的地方政府，跨区域的大学联盟很难得到地方政府在政策及经费上的"福利"。地方政府为促进区域创新体系制定相关政策，可能会诱导行业划转院校进行以服务区域为导向的特色"转型"，尤其是对于原服务行业进

入萧条周期的行业院校来说，行业特色的弱化、区域特色的强化可能会在一定程度上成为各同类行业划转院校创建联盟、深化合作的重要壁垒。

（二）联盟成员主体性发挥、利益分配等内部体制性障碍

正如第一章中所述，对于各行业划转院校来说，由于区域的经济文化发展水平及发展重心等的差异，相互之间在发展水平、服务面向、发展特色上产生了分化。就发展水平的差异来说，部属的院校发展成较高水平的研究型大学，而地方所属院校发展水平则逐渐呈现出参差不齐的局面。发展水平的差异，造成联盟成员之间的地位不同，发展水平较高的高校掌握联盟的话语权，较难形成平等性的合作机制，发展水平低的行业院校往往处于被选择、服从的地位。发展特色的分化，彼此的可互动性降低，可能会在一定程度上影响同类行业划转院校构建联盟的动机。

从利益需求的角度讲，高水平的联盟成员属于奉献型，较低水平的联盟成员则属于依附型，利益诉求的不均衡性可能会造成联盟运行的不稳定性。尤其是对于特定的合作项目来说，联盟成员之间以行业特色为主的学科专业的研究方向、领域存在一定的共性，在合作过程中如何建立较为成熟的信任机制、权责利益归属机制及知识产权保护机制，都将成为联盟运行中必须要解决的关键的体制性障碍。

第三节　同类行业划转院校战略联盟运行机制的建构

大学生存靠共性，发展靠特性（罗家才，2016）。作为资源共享的交换器、调整关系的缓冲器与提供信息的服务器（吴越，等，2012），同类行业划转院校战略联盟的构建不仅对于该类型行业划转院校的发展定位与办学特色凝练，该领域高等教育的现代化及国际化起着重要的推动作用，而且对于实现行业划转院校与行业转型的同频共振起着重要的平台支撑作用。以行业特色为轴心，同

类行业划转院校战略联盟的建构，可以从战略协同、资源共享等几个方面的运行机制的建构着手。

一、同类行业划转院校战略联盟战略协同机制的建构

从微观层面上来说，战略目标的协同需要共同体成员具备使联盟持续下去的内生动力。对于高水平行业特色型大学来说，多受提升外部资源获取效率、增强外部影响力等因素的驱动，对于地方行业划转院校来说，则是出于内部、外部资源的配置效益和学习其他联盟成员的成功办学经验的联盟诉求。在资源驱动、竞争驱动及学习驱动等多种内生动力的驱动下，最关键的是要找到不同发展水平的高校利益需求的平衡点，共同解决联盟成员在发展中的共性问题，才能构成联盟的合作基础和持续合作的前提。

从中观层面上来说，战略目标的协同需要回应整个行业的发展战略需求。同类行业划转院校可以从行业的结构调整和转型升级的战略出发，制定协同体的目标战略，从高层次行业专业人才培养与输出、关键共性技术研发创新、相关领域重大瓶颈问题攻关等方面进行协同，对行业人才需求趋势和行业转型发展方向进行权威性和专业性的预测评估，进而通过协同体的集成效应，拓宽行业划转院校人才供求的市场边界，回应和衔接整个行业的发展需求。同时，对供求市场及行业发展趋向的清晰认知也能在一定程度上提升行业划转院校的抗风险能力。

从宏观层面上来说，同类行业划转院校战略目标的协同，应该站在实现国家战略发展的高度上，从国家利益出发，增强协同体的外部影响力和国际竞争力。围绕创新驱动发展、"中国制造2025"、"互联网+"、"大众创业、万众创新"、"一带一路"等国家重大战略，通过人才培养、学术研究和资源共享等方面的协同，对国家制订相关行业转型发展方案、相关高等教育政策等发挥新型高端智库作用。同时，行业划转院校应适应"双一流"建设的政策需求，以一流行业特色学科的集成优势，与国际化标准接轨，进而参与高等教育国际化竞争。

二、同类行业划转院校战略联盟资源共享机制的建构

同类行业划转院校战略联盟的高校之间要素的双向或多向流动会产生协同关系。资源共享对于同类行业划转院校战略联盟来说，是必不可少的合作领域，对于节约办学成本，提升资源配置效率，实现资源优化和增值，扩大优质资源的辐射范围等，具有重要作用。因此，应该在协同体成员互惠互利的原则下，主动寻求资源共享和整合的方式，进而拓展合作的范围和维度。

从师资共享来看，可以通过教师互聘、新教师联合招聘、高端科技创新人才的共引共享及青年教师联合培训，加强联盟内部教师之间的交流与互动，以提升师资质量。另外，可以发挥相关专家的主动性和号召力，通过学术研究团队、学术研讨活动、专业授课等形式，实现同类行业划转院校战略联盟内部的人才流动，将同类行业划转院校战略联盟的合作真正由学校层面、校长层面落实到师生层面。

从教学资源共享来看，应充分利用"互联网+"等信息时代在传播方式、信息载体、传播速度等方面带来的变革，实现数字化的图书资源共享。同时，应利用慕课等先进的教育手段，凭借各协同体成员的专业优势，共同开发在线课程、编著专业教材，并在交叉与联合攻关过程中，打造具有联盟特色的专业课程和专业课程群，形成具备专业性、权威性和开放性的教育资源共享体系。

从科研与教育平台的共建、共享来看，应利用联盟的集成优势，组建高水平的科研团队，承接重大科研项目，联合开展前沿性的理论研究与战略性技术开发。另外，可以通过构建协同创新中心，引入社会力量，增强联盟的协同创新能力和效益；通过联合招生、在校生的校际交流、学分互认、研究生联合培养、实践教育基地共建与共享等方式，实现人才培养模式的创新。

三、同类行业划转院校战略联盟学术评价机制的建构

从学术同行评议的角度来看，同类行业划转院校战略联盟的高校之间具有相似的专业文化，进而在特定的学术研究领域形成了专业性强、认可度高的学术共同体范式。因此，可以利用协同体的内部资源和联动特征，建设专门的评估机构，通过组织相关学科领域的权威性专家、学者，依据该学科的共有范式，制定专业性、针对性的评价标准，保证评价方法和程序的规范化和透明化，建

构具有学术权威性和行业院校联盟特色的学术评价机制。另外，可以对联盟成员的教师、科研、学科、教学质量等进行专业的同行评议，在共评和互评的基础上，优化联盟成员的资源配置结构，提升联盟高校的办学质量。同时，通过系统化、权威性的学术评价机制的构建，打造战略联盟的行业特色品牌，扩大战略联盟在高等教育系统中的话语权和外部影响力。

从人才评价的角度来说，有效把握用人单位和高等院校之间的人才供需态势及未来走向，构建与实施科学的人才培养标准，缩小教育与实践之间的差距，是行业划转院校培养应用创新型人才的重要目标。战略联盟可以通过对整个行业人才需求和发展战略走向的洞悉，构建行业人才的培养和评价标准。尤其是对于工程教育领域的高校来说，应构筑以学生为中心、以目标为导向、持续改进的高等工程教育理念，将理念与工程教育实践相结合，转变工程人才的培养和评价标准，提升工程人才的培养质量。同时，应构建专业认证评估机制，通过对相关的行业工程师进行权威的工程教育专业认证，与国际的工程认证体系接轨，提升我国工程人才的培养质量和国际竞争力。

此外，利益需求是协同体存在的原动力（吴越，等，2012），而协同体建设绩效评估及效益分配的公平性也成为协同体保持良好运行的关键。为了培育具备信任和互惠互利的联盟文化，减少联盟高校出于获取稀缺资源考虑的功利行为，也需要按照"权、责、利、险"对等的原则，通过一定的评议机制科学地评估联盟建设的绩效（王正青，2015）。

四、同类行业划转院校战略联盟政企校共建机制的建构

关系决定战略，同类行业划转院校战略联盟的运行离不开外部环境的支持与配合。作为跨区域的高校协同组织，政府对战略联盟的政策供给和资源配置起着重要的调控作用，联盟与政府之间保持着互动共生的关系。政府在扮演调控者角色时，应该主要从以下几个方面着手：①制定相关政策，从宏观上给予扶持和推动，扩大大学的办学自主权，消除大学合作联盟的体制性障碍；②打破由于地方利益分割而形成的竞争壁垒及同类高校由于办学压力而形成的学术壁垒，促进跨区域的知识共享与创新，促进协同各方形成正和博弈、互动共赢

的局面。

　　要扩大同类行业划转院校战略联盟的辐射范围，发挥集成效应，市场力量是不可忽视的重要因素。与单一的行业划转院校服务于散在的部分行业企业相比，战略联盟能够在更大程度上拓宽对行业需求的覆盖面。人才培养、实践与输出等方面的供求效应，行业前沿理论知识创新、关键核心技术研发、重大实践问题解决等方面的知识与平台共享，行业转型与行业划转院校转型、产业链与专业链对接等方面的战略协同，都应该成为战略联盟与行业建构合作机制的重要内容。同时，同类行业划转院校战略联盟应通过建立协同共建平台和合作机制，促进政、企、校三方联动，进而在多方的转型发展过程中实现协同进化。

第十章

校企联盟合作机制构建与创新

　　"创业型""服务型"类特色及高校协作共同体的构建，均基于行业划转院校自身的建设。对于行业划转院校来说，在人才培养、科学研究、社会服务等方面的职能具有明显的"行业意识"与"应用倾向"，建设校企联盟，关注外部需求，也应该成为行业划转院校增强自身的开放性、多样性、包容性，优化自身治理结构，创新人才培养模式，扩大社会辐射范围的重要战略选择。本章主要从校企联盟各方的合作过程出发，探讨行业划转院校处理外部关系的机制与模式。目前，在"双一流"建设的大背景下，行业划转院校纷纷加强自身的学科建设，科研成果的产出成为"双一流"建设目标的重要量化指标。部分院校甚至陷入了唯量至上、讲究排名、关注表象、忽视国家创新发展需求、缺乏内涵的伪一流建设逻辑，在知识迁移与转化过程中，更注重强调知识及技术创新所带来的供方价值，而相对忽视了科技成果转化的过程、转化机制与转化结果，更加注重部分环节尤其是知识创新方面的精加工，但缺乏从知识创新到知识转化与应用的链条式、系统化运作，由此导致校企联盟合作难以深入和持久，高等教育的职能发挥受到很大的牵制。因此，关注校企联盟多个主体间的交互作用与过程，从界面管理视角探讨大学与企业之间界面相互作用的匹配和适应模式，改善其运行机制，是优化校企联盟合作模式的重要途径。

第一节　校企联盟的界面要素与关联方式

一、校企联盟界面的界定

　　界面（interface），在汉语中是指两个或者两个以上物体之间的接触面；在英语中则具有多重含义，既指物体间的交接面，又指两个独立实体间的接口或边界，也指两事物间的相互关系与作用（郭斌，等，1998）。"界面"一词最初出现在工程技术领域，20 世纪 70 年代被引入管理学领域，用来描述职能部门之间、人与物之间、工序之间、流程之间的连接关系（官建成，等，1995）。界面有着"互动""联结""协调"的基本意思，体现的是一种集成管理的思想。界面体现了超文本的思想，通过接口关系和界面分析，使两个以上的组织借助于界面实现了相互间的信息联系、人员之间的沟通与交流、知识的转移与分享。由此可以将校企联盟界面界定为校企双方在知识、信息、技术及资源的迁移与供需互动作用过程中的接触面（罗珉，等，2010）。

二、校企联盟界面的类型

从宏观、中观和微观等不同视角对校企联盟界面内的要素进行识别与归纳，可以得出校企联盟界面的类型。

（一）宏观层面的分类

从宏观上高校与企业合作领域及其发挥的作用来讲，可以将校企联盟界面分为人才培养协同界面、科学研究协同界面、社会服务协同界面。这一界定是基于企业作为第三方，在高等教育系统中扮演的角色进行。例如，人才培养协同界面，即企业在高校人才培养过程中，参与人才培养及人才输出过程中与高校产生的交互作用。人才培养协同界面内各种资源、信息的自由、高效流动是影响人才培养质量和供需状况的重要因素。由于人力资源的使用与培养差异，尽管校企联盟人才培养协同界面的交互作用最为持久、稳定，但交互行为固化、交互要素的匹配程度并不高。从目前的企业人才需求来看，企业对跨领域、复合型人才的需求与学校学科专业建制化、通识教育浅层次化之间无法实现较好的界面融合与匹配。在合作教育方面，高校人才资源输出的非排他性和竞争性，现有的政策供给与利益机制及企业内生性社会责任，造成了企业在产学合作培养人才过程中的集体行动困境（胡海青，等，2011），即内生的动力不足，合作教育界面难以实现高效运转。此外，科学研究领域的校企合作研发项目、技术孵化、专利授予或转让等（章琰，2008），以及在社会服务领域，满足企业的技术需求，提供必要的技术指导与培训等，也都成为校企合作的重要领域。

（二）中观层面的分类

从中观层面高校与企业合作的系统运作来讲，校企联盟界面可以分为组织界面、任务界面、流程界面。

组织界面是指校企联盟参与主体之间的跨组织协调与协同。组织间合作网络理论认为，组织间各节点的社会互动，是一种理性的、会计算得失的资源交换，组织间信任、共享和追求"关系租金"是理论的主要规范及法则。作为一种自组织行为，校企联盟合作界面的运行主要以组织间的信任与承诺为前提，以知识、信息与技术的共享为基础，通过协同实现利益的双赢。作为校企联盟的双方，高校与企业之间没有严格意义上的上下级从属关系，管理组织呈现出明显的扁平化特征，横向的管理更多是基于组织之间的界面交互行为进行的。同时，由于高校与企业之间组织属性不同，两者之间并不存在竞争关系，使得组织界面内各种信息、资源的流通更为顺畅与透明。

任务界面是校企合作的各个领域、活动、任务等的实施、交接、管理等的协同过程与作用。高校与企业合作任务的分解，角色、责任、利益的分配，人才、知识、信息或资源的分流，都是在校企联盟的任务界面内完成的。而作为整个合作系统内最活跃、最不稳定的区域，任务界面内各因素的交互行为将会决定校企联盟成员之间相互作用的方向和趋势。

流程界面是指阶段之间的交互作用，又称过程界面。无论是人才培养的协同、科学研究的协同还是社会服务的协同，都具有一定的阶段性、承递性和渐进性。一般整个校企合作过程的前段部分主要在高校内进行，后段部分主要在企业内完成，而中间的交接地带就构成了流程界面。由于合作方式、合作程度及合作时间、地点等的不确定性，高校与企业在整个合作流程中介入和淡出的位置往往存在差异，使得流程界面位置呈现出一定的变动性。界面前移，即企业提前介入，更多强调的是大学与企业之间在空间上的互补、联合（章琰，

2008）。企业产生的部分影响包括市场化、功利化等可能会逐渐渗入大学，对大学的属性与价值观念、人才培养方式、科学研究领域、社会服务范围等产生影响。界面后移，即大学滞后退出，承担企业的部分任务，主要发生在技术转移过程中，大学在其中扮演着孵化器的角色。此外，在大学或是企业内部进行的不同合作环节之间，也同样存在着流程界面的交互作用。

（三）微观层面的分类

在微观层面，以具体的合作项目为切入点，基于项目管理的霍尔三维模型，从时间、关系和要素三个维度，可以将校企联盟界面分为节点界面、关系界面和资源界面。三个维度构成三维空间，三个界面则主要以项目的进度、项目进程中的各种合作关系、项目运行中的资源要素投入与分配作为交互作用的表征，进而在三维空间上实现三个界面的管理集成。三个维度的界面之间互相影响、互相耦合，并呈现出正相关关系（朱启超，等，2005）。对于校企联盟内多个项目同时进行的情况，也可能存在多个项目界面的交叉或平行作用。如果两个项目界面出现交叉，如时间上的重叠、关系上的交叉、资源上的取舍，都将会使得三维空间内的项目界面管理更为复杂。

三、校企联盟界面的关联方式与耦合关系

（一）校企联盟界面的关联方式

资源基础观认为，当组织面临资源交换与外部竞争环境的不确定时，组织倾向于与外部竞争环境中的重要生产要素进行联结，借此进行资源交换，以避开环境控制，这是校企联盟生成的重要理论依据。对于校企联盟来说，当面对环境的不确定性时，联盟成员选择方式的不同，也会影响各类界面的组成、运动及运转。以校企合作研发为例，不同类型的行业所需要的技术创新重点、水平及与学术研究的联系均存在差异，这种差异会直接影响所在不同行业的企业与不同类行业划转院校之间的联盟成员的选择（表 10-1）。

表 10-1　行业划转院校技术合作模式的选择

行业类型	典型行业	技术机会	与学术研究的联系	创新重点	行业划转院校类型
以科学为基础类	以生命科学为基础的：医药与生物工程	高	紧密、直接	产品创新	以医药类、电子类、邮电类、农林类等研究型为主
	以物理科学为基础的：计算机、电子、通信、摄影摄像仪器				
基本过程类	基础化工、采矿、石油	中等	比较紧密、直接	过程创新	化工类、矿业类、地质类、石油类、电力类、建筑类等研究型、应用型均存在
复杂系统类	汽车、飞机制造	中等	比较紧密、间接	产品创新	航空类、机械类研究型、应用型均存在
产品工程类	非电子机械、仪器（机械控制、电子与机械仪器）、金属工具、橡胶与塑料制品	中高	不紧密	产品创新	以机械类、冶金类、电子类等应用型为主
连续过程类	金属冶炼、化工过程（纺织、纸）、食品饮料	低	不紧密	过程创新	以冶金类、纺织类、农林类等技能型为主

资料来源：参考 Marsili（2001）和贺俊等（2011）的研究成果整理所得

Valk 等（2010）认为组织的社会网络节点存在四种生长模式：优选连接模式、同质性连接模式、模仿性连接模式与多样性连接模式。网络的节点处即组织之间的关系节点，也即界面形成和界面交互作用的区域。一般情况下，在校企联盟成员的选择上，校企双方均倾向于选择具有同类行业属性的合作对象。因为同类行业属性对于校企联盟来说，具有较强的路径依赖和技术锁定效应，两者在界面耦合过程中的要素相关性更强、资源流动性更好，黏滞信息较少，因此在界面耦合和关联方式上多为同质性连接模式。但这种耦合方式也需建立在作为生产部门的企业与作为研发部门的高校之间具备一定互补性的前提下。因而同质性连接模式强调的是行业属性，异质性连接模式则是强调知识迁移的不同阶段。同时，处于不同发展阶段的行业企业与不同类型及发展定位的高校之间也存在合作领域、合作过程、合作机会等方面的差异。其中，优选连接模式是校企联盟中最为普遍的一种关联模式。这种连接模式认为，网络新生的节点倾向于与网络中连接最多的节点进行关联，最终形成无标度网络。就目前来看，对于企业来说，其更倾向于选择与国内知名高校进行合作，而高校更倾向于选择规模大、声誉高、效益好的大企业进行合作，具有典型的择优而定的马太效应。由于我国经济发展尚处于由粗放型向集约型转变的阶段，企业的战略能力和竞争优势仍然主要表现为成本控制和营销网络构建，对知识生产机制的需求、对人才和教育的需求与关注并未达到迫切的程度。其结果是高水平的校企联盟只存在于高水平的大学与大型企业之间，中小型企业与发展水平相对较低的地方行业划转院校之间的合作多是短期的，依靠校友资源等私人关系维系的低层次合作，进而导致出现了校企联盟建设参差不齐的状况。

此外，对于校企合作经验较少、合作领域较窄的校企双方来说，选择合作对象时往往会模仿已有的方式、成功案例进行联盟，形成模仿性连接模式。相对而言，对于具有一定的发展基础和水平及合作经验的校企双方来说，会追求打破现有的固化合作模式，寻找差异化、创新性的合作对象，而这种连接即为多样性的连接模式。

（二）校企联盟界面的耦合关系

由表 10-1 可以看出，具有创新实力的大学尤其是高水平特色型大学与行业企业的技术合作，多集中于整个校企合作系统的前端，位于整个知识链条的上游，合作的领域多是技术机会较高、与学术研究联系较为紧密和直接，企业产品的创新多源于大学科研成果的转化，并且具有很强的原创性、前瞻性和市场竞争力。其校企合作界面也往往位于知识生产链条的顶端，界面存在的基础即是知识创新与知识的转移，在界面交互活动中，企业往往对大学产生一定的依赖关系，而且界面交互活动一般较为连续、稳定且周期较长。固定的合作机制加以完善，界面要素不断渗透与融合，就会逐渐形成共生相依的校企合作系统甚至校企合作实体平台。以应用型为主的行业划转院校与行业企业的合作则多集中于整个校企合作系统的中后端，以生产过程、生产系统的合作为主，以具化的技术或技术应用型人才为主要界面融合要素，界面处于整个知识生产链条的中端或末端。这种界面交互活动以实践应用为主，以过程创新或较低层次的产品创新为主要的合作重点，校企双方的界面交互活动多以将临时需求作为动机的零散的点或间歇性的、不定期的合作链条为主。

第二节　校企联盟界面的演化过程与演进规律

校企联盟的演化过程受高校的发展历程与行业企业的发展周期的影响。不同发展阶段、不同发展模式的高校与行业企业之间的合作界面呈现出不同的演化形态。Rothwell（1992）认为推动校企合作演变的根本驱动力在于技术发展与市场力量。他提出校企合作关系主要包括技术推动阶段、市场拉动阶段、技术与市场双向模式阶段、整合阶段和网络化、多对多的合作模式阶段五个发展进程。追溯我国行业院校的历史演进过程，可以发现政府干预对其发展过程产生了深远的影响，尤其是 20 世纪末至 21 世纪初的院校管理体制改革，推动了行业院校的外部环境、服务面向、内部结构等方面的深刻变革。其中，最为直接的是行业院校与行业之间的天然壁垒被打破，两者之间的合作共生关系逐渐淡化甚至解体。在这一过程中，随着市场经济的逐渐深入和科学技术的发展，技术的驱动和市场的竞争需求逐渐成为行业院校与行业合作的重要动力，与政府的行政力量一起推动了行业院校与行业企业之间由校企合作到校企联盟的关系重构与价值升华。

本部分借鉴第一章中行业划转院校管理制度进程的阶段划分，以院校管理体制改革作为标志，来探讨行业院校在划转前期（1950—1998 年）、划转后过渡适应期（1999—2009 年）、新一轮综合改革期（2010 年至今）三个时期内校企联盟的演化形态，并进一步分析 Rothwell 的五个发展进程理论是否也适用于我国的校企联盟演进过程，以及在行业院校划转前后三个阶段内的具体体现。

一、校企联盟界面的演化过程

（一）以政府为主导的点状分布界面

20 世纪五六十年代，在计划经济体制背景下，行业院校因行业而兴，与行业企业之间始终保持着一种在政府干预下形成的相互依存的一体化关系。行业院校的招生指标与对象、学科专业设置、专业教学内容、专业教师履历等都深深嵌入到行业企业的发展中，与行业企业的发展需求亦步亦趋。校企之间的合作多属于计划合作机制，更偏重于行业企业的生产实践，一些重大研究项目的合作主要由国家统一调度。其合作形式也主要以行业企业需求为主导，包括半工半读、校内实习工厂、校外实习基地、企业技术培训等。这一阶段的行业与企业合作多是一对一的定点连接，在技术经济合作领域，合作育人的路径较为固定，界面要素组成、界面交互内容、界面交互周期都由相应的行业部门进行集中管理，大学与企业缺乏交互的动力，主动性相对较差。

改革开放以后，随着经济的发展，科学技术作为第一生产力，通过国家政策的引导及市场机制的引入而逐渐渗透到校企合作中。1981年国家科学技术委员会党组《关于我国科学技术发展方针的汇报提纲》、1985年《中共中央关于科学技术体制改革的决定》、1995年《中共中央、国务院关于加速科学技术进步的决定》等均强调了科学技术对经济建设的重要作用。《中华人民共和国技术合同法》《中华人民共和国科学技术进步法》《中华人民共和国促进科学技术成果转化法》等法律文件的颁布则从法律层面对校企开展联合与协作的内容、形式及成果转化等方面予以确认。这一时期的产学研合作政策主要以引入市场机制，鼓励高校产出与转化技术成果为主。在"以技术换市场"的战略思维的驱动下，20世纪80年代大规模的技术引进，以及"国家科技攻关计划""国家重点工业性试验计划""火炬计划"等一系列国家计划的实施，使技术因素成为驱动高校主动走出"象牙塔"，深入行业企业生产一线的重要动力。

随着市场经济体制的不断深入，以政府为主，技术推动为辅，以及市场因素的添入，使校企合作取得了较大的发展。尤其是在以改革科技拨款制度为中心的科技体制改革的推动下，高校开始面向市场，提供有偿技术转让、咨询和服务，形成了较强的技术供给能力。随之，教学—科研—生产联合体、区域性的联合组织、产学研联合开发工程、校办企业、大学科技园等新的校企合作模式开始出现。这一时间段内，市场力量和竞争要素也逐渐深入到校企合作界面中。

总体来看，这一时期处在计划经济体制向市场经济体制过渡的时期，技术的进步仅限于有限的行业内，且尚未实现较快发展。校企合作主要由政府推动，以解决国计民生问题为导向，校企合作界面主要处于组装、焊接状态。校企双方不是利益主体之间的合作，而是一种所有者部门之间的定向连接，几乎不存在利益冲突。校企合作的形式和内容较为固定和单一，合作意向较为分散和不稳定，但由于属于行业办学，行业与院校之间的自然链接使得双方的供需、交互状况能够得到及时的反馈，因而界面的运转效率较高。随着市场的逐渐开放，技术需求与市场需求越来越多地通过校企合作界面渗透到大学中，由此推动了大学与企业的合作模式的创新，也推动了大学职能逐渐由教学向科研和社会服务的不断变迁。

（二）以行业企业为主体的线性离散界面

这一界面演化阶段主要以 20 世纪 90 年代末期的院校管理体制改革为节点。经过院校管理体制改革，行业院校实现划转，结束了行业办学的历史。而对于行业院校尤其是划归地方的行业院校来说，划转过程及划转之后的过渡和适应过程，是行业院校的服务面向由行业转为行业和地域两个服务重心的战略转换时期。同时，在大众化政策叠加的影响下，行业院校办学规模不断扩张，办学自主权扩大，发展重心偏移带来的区域化、综合化趋势明显，行业意识逐渐淡化，行业人才供求关系逐渐由"买方市场"转入"卖方市场"。对于这一时期的行业企业而言，绝大多数还处于起步或成长期，在资源消耗大、劳动力密集的粗放型的生产经营模式下，尽管对人才、技术的需求不断增长，但对知识创新成果的吸纳能力相对较弱，相比之下，企业更关注自身的生产与营销。例如，从这一时期我国大学专利和技术转让的情况来看，大学的专利授权数和大学技术转让合同数在逐年攀升，大学技术转让合同中大学专利所占的比例基本处于增长趋势，但 2009 年以前，每年大学专利出售合同数均在 1000 项以下，平均专利出售比例仅在 17% 左右，多数情况下专利出售比例更是呈现出逐年递减的趋势（表 10-2）。科研成果转化并批量生产的比例只有不到 15% ~ 20%，并只有 5% 的成果实现了产业化（段昌伟，等，2006）。由于相对缺乏合作的动力，行业企业对于支持高校开展人才培养的意愿和责任感进一步下降，校企合作中双方的关系也逐渐由上一阶段行业企业主导的依附关系转变为由行业院校主导的依赖关系。

表 10-2 1999—2016 年我国大学专利和技术转让情况

年份	大学专利					大学技术转让			
	专利数/项	专利出售合同数/项	专利出售比例	合同总金额/千元	当年实际收入/千元	合同数/项	合同总金额/千元	当年实际收入/千元	专利数比例
1999	1 063	371	0.349	83 800	55 369	4 225	867 523	535 556	0.088
2000	1 273	298	0.234	111 867	70 096	3 973	1 202 159	694 871	0.075
2001	1 952	299	0.153	184 993	125 396	4 946	1 788 207	1 185 374	0.060
2002	1 850	410	0.222	258 608	185 967	5 540	2 219 686	1 339 596	0.074
2003	2 251	532	0.236	219 999	150 097	5 683	3 796 579	1 098 166	0.094
2004	3 954	611	0.155	359 536	233 617	7 809	2 373 817	1 579 611	0.078
2005	6 399	731	0.114	277 585	151 959	9 188	2 292 323	1 355 338	0.080
2006	8 214	842	0.103	294 774	177 883	7 321	2 215 077	1 259 343	0.115
2007	12 043	701	0.058	286 832	154 947	6 878	1 963 950	1 256 226	0.102
2008	14 111	711	0.050	447 608	208 482	6 920	2 103 790	1 316 542	0.103
2009	17 418	1 311	0.075	670 115	279 131	8 408	3 051 791	1 978 153	0.156
2010	24 708	1 571	0.064	762 182	562 149	8 770	3 119 743	2 152 646	0.179
2011	35 098	1 745	0.050	721 016	358 169	9 159	3 334 244	2 082 073	0.191
2012	49 436	2 143	0.043	822 901	468 540	10 550	3 756 995	2 409 798	0.203
2013	68 971	2 357	0.034	821 096	434 898	10 275	3 876 168	2 756 117	0.229
2014	79 926	2 310	0.029	751 585	435 473	10 534	3 982 020	2 722 576	0.219
2015	82 369	2 257	0.027	750 036	540 280	10 517	4 012 570	2 602 906	0.215
2016	121 981	2 695	0.022	2 774 739	669 339	8 617	5 402 729	2 341 910	0.313

这一时期政府将科技创新上升到国家战略的高度，施政重点从实施科教兴国战略到构建创新型国家，开始有意识地确立企业的技术创新主体地位，引导技术创新以市场需求为导向，构建产学研相结合的创新系统。1999 年，《中共中央、国务院关于加强技术创新，发展高科技，实现产业化的决定》发布，部署推进"科教兴国"战略；2001 年《科技部、国家经贸委关于推进行业科技工作的若干意见》提出"在国家行业技术开发基地、国家工程技术研究中心组建完善过程中，积极推动企业与大学、企业与院所联合建立专业或综合性的行业工程技术中心"（科学技术部，等，2001），在某种程度上体现了国家有意识地强化或重构行业与院校之间的合作关系，以解决因体制改革带来的产学研对接断裂问题。2006 年全国科学技术大会上发布的《中共中央　国务院关于实施科技规划纲要　增强自主创新能力的决定》及以此为依据的一系列重要战略目标和

配套政策的落实，以自主创新为轴心，提出我国在 2020 年要进入世界创新型国家行列；《关于推动产业技术创新战略联盟构建的指导意见》等相关政策的出台，从国家层面的创新驱动出发，提出对重大关键、共性技术研究的重视，并释放出推动高校与行业企业的合作模式由校企合作单一模式向校企联盟集成创新过渡的政策信号。这一时期尤其是 2006 年以后，一个较为明显的施政变化是政府逐渐由行政强制手段转变为政策引导，行政措施力度开始下降，财税措施和金融措施所占比例逐渐增大（黄青，2016）。校企合作逐渐转入政府引导下的技术和市场双向驱动模式。

校企合作外部环境的转变，以及行业划转院校与行业企业双方位势的变化对合作界面运作效率产生了重要的影响，随着行业划转院校与行业纽带关系的断裂，二者合作界面的运行机制遭到破坏，校企合作界面呈现出新一轮的调整、解构或重组，逐渐表现为界面要素的嫁接状态：高校开始修复与原有的行业企业的合作，并重新寻找新的合作伙伴，多数合作界面之间处于一种离散状态。而在这一过程中，合作关系的重构往往由于行业划转院校的供给与部分行业企业、所在地域的需求不吻合而使得校企合作尤其是跨区域的校企合作效率下降，甚至由于二者界面要素的不匹配或是地域限制而造成无界面的情况。

（三）以高校为协同主体的网状集成界面

以《国家中长期教育改革和发展规划纲要（2010—2020 年）》的发布为标志，我国行业划转院校进入新一轮的综合改革期。《国家中长期教育改革和发展规划纲要（2010—2020 年）》明确提出，以优化高校治理结构，扩大社会合作，探索高等学校与行业、企业密切合作共建的模式，推进高等学校与科研院所、社会团体的资源共享，形成协调合作的有效机制；增强高校的社会服务能力，推进产、学、研、用结合，加快科技成果转化，规范校办产业发展；充分发挥高校在国家创新体系中的重要作用，使得高校与行业企业之间的关系再一次上升到国家发展战略层面并加以强化。2012 年，党的十八大中再次强调要坚持走中国特色自主创新道路，实施创新驱动发展战略。随后，《中共中央 国务院关于深化体制机制改革加快实施创新驱动发展战略的若干意见》《教育部 科技部关于加强高等学校科技成果转移转化工作的若干意见》及其相应的行动计划等文件都将推动校企联盟建设作为重要的战略切入点而展开论述,战略联盟、产学研结合等字眼更是广泛见诸"双一流"建设实施方案、地方普通本科高校向应用型转型指导意见、高校创业教育教学要求及多个大学最新修订的大学章程中,政府对高校与行业企业战略关系的关注已经达到前所未有的程度。政府在校企关系上的施政重点仍坚持以行业企业为主体,以市场为导向,通过产学研结合驱动产业创新发展。

对于这一时期的行业划转院校来说,经过一段时间的过渡适应期后,实现了追赶式的快速发展。但就如前文所述,行业划转院校的发展在现有管理体制下出现了趋同化问题,面临发展转型危机。大学功能选择的外向性即社会导向性也随着高校在社会发展中的轴心作用而变得更为明显。行业企业在不断深化的市场经济体制下,经历了近20年的持续跨越式发展,但在经济增长方式转变、经济产业结构调整、经济发展进入新常态的背景下,同样面临着生产方式与经营理念的转型、升级。技术、人才逐渐成为企业组织的一种策略性资产和知识资源。因此,推动双方的深度合作成为一种必然趋势。这种深度合作以共同愿景和使命为导向,为获得最佳利益和综合优势,或抓住新的市场机遇,结合彼此的资源或优势,校企双方共同构建一种优势互补、风险共担、利益共享和共同发展的战略联盟关系(李云梅,2009)。

由表 10-2 可以看出,2009 年以后大学专利数、大学技术转让的合同数(除2016 年)都相对实现了大幅增长,专利数在大学技术转让中的比例也不断增长,我国大学的知识创新与应用进入新的发展阶段,校企之间的合作深度也在进一步加强。这一时期的行业划转院校与行业企业的合作受技术驱动和市场拉动双重动力的影响而逐渐进入整合阶段,单个企业和单个科研机构之间的合作逐渐演变为整个系统中生产部门与研发部门之间、不同创新组织之间多样化的合作关系,系统的概念、集成的思想逐渐进入校企合作领域,推动校企合作界面逐渐向网络化、多样化的校企联盟合作界面转变,并主要表现为集成界面和界面集成两种形态。其中,集成界面,即校企双方针对某一具体合作意向而建构的集信息、资金、资源、技术、人才等要素为一体的高效、系统、稳定的界面形态。例如，武汉纺织大学主动适应纺织工业转型升级和市场需求变化，以专业嵌入产业链、产业哺育专业群的思路来推动产学合作，全方位地进行专业与产业配对，促进了校企联盟界面要素的集结与转化。而由政府主导的国家层面的重大项目和科研计划，既有政策的激励与引导，充足的资金、资源、人力的资本投入，又有国家提升核心竞争力的紧迫现实需求，以开发具备前瞻性和创新性的重大关键、共性技术为核心，在各种要素的集成上更能凸显优势，因而也成了这一时期我国创新驱动发展战略中非常重要的施政倾向。界面集成则是指行业划转院校与行业企业针对多个领域、多个项目、多个环节所开展的合作创新网络，并以追求价值驱动、技术预见、团队合作、综合效益、高转化率为主要的联盟动机。例如，辽宁省教育厅发布了《辽宁省教育厅关于深入推进校企联盟建设的指导意见》，要求联盟内学校间、校企间建立招生就业、学科专业建设、课程开发、学分互认、资源共享、学校管理等合作制度，大力开展协同育人、协同创新、协同创业，提高人才培养质量；广泛开展政产学研用合作，联合攻关、转化成果。截至 2017 年 9 月，已组建 42 个校企联盟，遍布辽宁省内各个行业产业，借以实现老工业基地的振兴。这种大规模的区域联盟的构建，使得各个行业企业与高校之间实现链接，各行业划转院校与多个行业企业实现长期、稳定的产学对接。多个联盟界面之间的互动，也将推动区域整体发展创新能力的提升，建构系统的区域创新体系。

二、校企联盟界面的演进规律

1969 年，物理学家普利高津（I. Prigogine）提出耗散结构理论，认为耗散结构是一个远离平衡态的开放系统，通过不断与外界交换物质和能量，在外界条件变化达到一定阈值时，系统就会发生突变，由原来的无序混乱状态转变为一种在时间、空间、功能上新的有序结构（张文焕，等，1990）。从校企联盟界面的演进过程来看，整个系统呈现出开放性、非均衡性、非线性及随机"涨落"的耗散结构式的演化规律。

（一）校企合作技术创新的非均衡扩散机制

从校企合作过程来看，校企联盟作为一个松散型的合作组织，是一个开放性的系统，基于共同的合作远景和使命，实现物质、能量、信息等在校企合作界面上的传递与交互。这种交互作用的产生来源即是校企双方存在的供给和需求的非均衡性。就技术领域的合作来说，也称之为技术梯度，一般情况下是高校拥有核心的技术创新成果，而企业则在有限资源与无限需求的矛盾的制约下，对核心的技术创新成果具有迫切的现实需求。联盟的技术迁移过程是知识供给方向需求方流动的过程，也即知识溢出效应，由此完成从偏重共享的基础性、一般性的知识形态向注重技术专有及保密性的应用性、特定性的知识转移，而在装置、设备、产品或工具的技术发生转移时，其中的隐性知识并非直接随之转移，而往往需要企业进行学习、吸收（章琰，2008）。因而在校企合作界面，这一最为活跃、最不稳定的区域，由合作所促成的各种要素的集结、融合与传递及各界面要素间的非线性作用，会造成界面出现短暂的无序或混沌状态。随着技术形态的演变，大学和企业在界面交互作用过程中形成相对稳定的匹配和适应模式，使大学技术转移在成本与效用之间实现优化，进而使得整个系统重新趋向于一种平衡有序状态。在整个技术迁移过程中，高校的科研创新对原来的技术运作系统乃至整个行业来说，都构成了一次技术创新涨落。在技术转移完成后，创新技术实现商品化流通进入市场，并逐步通过模仿、移植、再创新及政府的推广等非线性机制而实现创新涨落的有效放大（范如国，等，2001），实现创新技术的产业化，推动社会发展，这也成为校企合作完成知识迁移的最佳状态。

（二）校企合作界面的阶段性演进规律

从校企合作界面演化的三个阶段来看，由一个阶段旧的稳态向新的有序的状态过渡时，是一个分岔点。耗散结构理论认为系统在分岔点附近常常会出现振荡，形成短暂的混沌或无序，而这种无序往往是因系统内外部因素的共同作用出现的。总体来看，校企合作的演进本身主要受科学进步、社会需求、市场竞争、人才、投资和政府作用等外部因素的影响（范如国，等，2001）。对于其内源动力来说，主要包含了创新主体的创新意识、企业利益驱动、企业家精神等因素。之所以将 19 世纪末期的管理体制改革作为阶段划分的依据，主要是考虑到政府在整个校企合作演进过程中的主导作用。从新中国成立后的计划经济体制到改革开放后引入市场力量，构建社会主义市场经济体制，高校和企业所的主动性都十分有限。对于高校来说，其作为党政的附属机构，在长期的计划体制下，缺乏独立的办学自主权和法人地位，形成了凡事"等、靠、要"的办学惯性。对于企业来说，随着经济体制的转轨，行业企业经历了追赶式、大跨度、高速度的发展过程，而这种发展模式主要以资源消耗和廉价劳动力为支撑，对于人才、技术的需求和选择机制始终处于成本与营销的辅助地位。校企合作的主体地位并非由高校和企业的主动性而定，而是主要由国家政策进行引导。改革开放初期，高成果产出、低成果转化的校企合作实际上与以高校为主体，激发社会活力的政策初衷产生背离，继而以企业为主体，以市场为导向，引导建立国家创新系统，并一直延续至今。这一政策的延续有其重要的现实意义。高校处于政府的管辖之下，办学自主权的落实、高校对社会需求的供给能力仍限制在一定的范围内。处于市场环境中的行业企业对市场变化的敏感程度和灵活性要远强于高校。因而引导以企业为主体建构技术创新体系，可以释放企业活力，增强创新的意愿。例如，由国家主导的国家层面的重大工程、项目科研计划对国家核心竞争力提升具有推动作用，政府在工程示范项目、校企联盟等合作模式中发挥着统筹与引导作用。同时，随着经济社会的发展，行业转型带来企业自身战略能力及核心竞争优势的转换，高校在摆脱趋同化，面临实现特色发展的转型压力、供需失衡问题导向下的供给侧改革等背景下，主动优化治理结构，以社会需求为导向，由服务社会向主导社会的功能转变趋向明显。因而，对于我国校企双方的合作来说，是在政府的引导下，以单一的一方为主体激发创新活力，还是通过高校和行业企业双主体的驱动模式，来调动整个校企联盟系统的运作效率，或是发挥市场的调控作用，自主发挥高校与行业企业的主动性，哪种合作机制更为适合，还未有定论。

第三节　校企联盟界面运行机制的优化与创新路径

一、校企联盟界面动力要素分析

（一）校企联盟界面主体的相互作用力

组织间关系理论认为，在组织间关系中存在着两种相互作用力，即吸引力和逃逸力。相应地，对于校企联盟界面来说，同样存在着两种相互作用力，即向心力和离心力，两种力量相互牵制，促成了校企联盟界面要素相互作用的动态平衡。

校企联盟界面的向心力是指对界面双方交互作用具有积极影响，能够提升界面运作和集聚效率的动力要素，主要表现为优势互补、风险共担、利益共享等。其中，优势互补是校企联盟合作的前提，也是界面主体及要素得以运作的基础。在校企合作过程中，高校主要为供给方，而行业企业主要为需求方，两者合作的前提在于双方供需之间的匹配和互补性程度。在一定程度上，联盟内成员的知识溢出水平，尤其是高校的技术溢出水平及企业的技术吸纳和学习能力决定了整个合作界面系统的集聚效率，以及整个联盟的产出绩效与核心竞争力。例如，高校向行业企业的技术转移过程中的隐性知识，尤其是理论向实践应用、知识向产品转化过程中经验与理念的获取与学习，往往需要长期且持续的输出与吸纳、内化与外化不断转换的过程，无形中成为增大双方合作深度及依存度的重要因素。风险共担是通过合作来降低环境不确定性对自身绩效的影响，而利益共享则主要指校企双方通过联盟关系嵌入所获取的关系租金和关系资本，包括合作关系带来的利润报酬的增长，通过产品或过程创新开拓市场或减少运营成本等。

校企联盟界面的离心力则主要指校企合作过程中对界面交互作用具有消极影响，造成合作关系疏离、冲突或断裂的阻力要素。其主要包括界面交互过程中的信息黏滞、任务与利益分配不均、价值观念冲突、合作环节衔接不畅等。就校企双方的价值观念冲突来看，校企合作过程中高校人才培养与科学研究的周期性和企业追求速成之间的矛盾，高校专业学科建制与行业企业跨领域综合性需求之间的矛盾，以及企业讲求效益至上与高校追求真理唯上之间的矛盾，都在无形中构成了界面交互作用的障碍。例如，在合作研发项目选择上，大学更倾向于选择有利于促进学术评价的项目和方向，而不是选择有利于最大化市场价值的项目和方向（贺俊，等，2011），因而技术的市场价值和学术价值冲突的大小往往会直接影响双方的合作意向。

校企联盟界面存在的前提是界面要素的向心力要大于离心力，这样才能使得校企双方相互作用的界面融合状态得以形成。对于高校来说，处于知识生产链的顶端，更加注重知识的学术性、普适性及技术的先进性，而对于我国的企业而言，则相对处于整个知识生产链的低端，产业结构的低级化颓势尚未完全扭转，更注重技术的适用性和经济指向性。主体属性、价值取向的差异甚至冲突形成了很大的离心力，影响了两者的对接效率和界面的运转效率，成为限制校企双方合作最为突出的界面障碍。

在整个校企联盟界面运作过程中，高校通过人力资源和知识同市场的交换来增加社会财富，产生经济效益，在某种程度上其也成了一种"企业组织"，通过生产人力资源和"技术形态的知识"而具有了一定的经济功能（章琰，2008）。随着校企双方合作关系的加深，界面向心力过大会造成界面间的缝隙趋于弥合，界面过度融合，大学的经济功能会过度扩散，高校对其产业属性的关注超越了教育属性，就可能造成高等教育的过度市场化，进而导致学术资本主义演变为极端的功利主义。因此，在强化界面要素向心力的同时，也应该警惕因为界面要素的过度互动而导致市场力量的过度渗入，大学淡化了教育本身的价值理念，甚至会失去其本身的独立性。

（二）校企联盟界面的外部环境影响力

上一节中提到，作为一种耗散结构，校企联盟通过与外部环境进行信息、物质和能力的交换来实现系统的不断演进。因此，外部环境的变动对校企联盟界面的相互作用具有重要的影响。当外部环境的不确定性增大时，从风险分担的角度看，校企双方协同合作，能更为准确地把握行业主导设计和主导技术路径的发展趋势，增强对市场风险的防御与控制，能够对组织绩效产生正向效应。但从校企双方合作意愿产生的角度来看，外部环境的不确定则可能会使得双方因为收益的不可预测或是战略目的的不明确而降低合作的可能性。

从具体的影响因素来看，主要包含市场力量、技术进步及政府政策导向等。从市场力量来看，校企联盟界面的终端与市场相链接，市场力量始终影响着校企联盟界面的运作方式。市场需求构成校企双方合作的动机和科研成果产出与转化的标准，市场需求的变化会引导和激励行业企业的创新与转型，同时也会推动高校技术创新和人才培养趋向的转变。但相对来说，行业企业处于市场环境中，对市场需求的变化最为敏感、反应也最为迅速。高校则主要通过与行业企业交互过程中的界面渗透获得市场需求信息，市场竞争压力则在一定程度上推动企业主动寻求合作博弈，通过关系租金及联盟构成的合作壁垒赢得竞争优势，而相应的市场或行业规则则构成了校企联盟界面管理所遵循的基本原则与规范。就技术进步而言，校企联盟进行技术转移与转化甚至产业化的过程本身，就是实现技术创新和推动社会发展的过程。就整个社会系统的技术进步来说，技术进步尤其是相关产业的技术革新还会影响校企双方的合作模式与合作内容。尤其是随着新经济的来临、高新技术产业及信息产业的崛起，新兴产业往往需要高精尖的科学技术作为支撑，进而推动了高校与企业之间的合作。另外，技术的发展作为一次技术创新系统的涨落要实现有效放大，势必对旧的系统产生冲击，导致各种生产要素的重新组合、产业结构重新布局，进而会带来相关行业市场的动荡或是复杂性和不确定性。这种不确定性可能会增加校企联盟技术创新合作的风险，降低合作的可能性，也可能会因技术创新复杂性的增加而使得联盟成员无法独立完成，从而减少机会主义。就政府政策导向而言，从校企联盟界面演进过程中可以明显看出政府在校企合作方面所扮演的角色、所施加的影响及所起到的引导甚至主导作用。由于计划性体制的惯性，政府在校企联盟过程中尤其是在科学计划、重大支持项目、科研转化平台等方面的参与和主导作用，使其成为组织界面的一大主体，而这种主体作用更多的是以政策导向和激励机制等形式呈现的。

二、校企联盟界面运行机制的创新与优化路径

（一）基于界面向心力的动力机制的优化路径

要强化校企联盟界面的向心力，可以分别从校企联盟的界面主体及政府的引导作用两个角度展开。

就目前我国校企联盟现状来说，行业划转院校与行业企业之间本身的属性和价值取向的差异，以及经济发展水平对产业结构和行业企业的战略转换能力的制约，影响着校企联盟界面的运作效率。因而要实现联盟成员间的有效对接与匹配，形成界面，则需要提升各界面主体的积极性，进而提升整个联盟界面的向心力。行业划转院校需要向下走一步，努力将实验室技术发展为工业技术，以社会需求促进自身的供给侧改革，提升自身的技术溢出水平和科技成果转化能力，行业企业则需要向上走一步，积极将产业结构升级、企业产品与过程创新需求反馈给高校，促进各种创新要素向企业集聚，并帮助其解决转化过程中遇到的各种问题（袁志彬，2017）。于是，在行业划转院校与行业企业的合作过程中，高校和企业参与程度的不同，各自的向心力和离心力也不同，根据行业企业参与的阶段与环节的不同，合作界面形成、前移或后置，进而形成了不同的合作模式，例如，在技术转移过程中行业企业全程参与的合作参与模式，高校与行业企业分居整个知识转移过程的两个阶段的技术转让模式，以及由高校全程参与的衍生企业模式。

因而校企联盟可以根据成员之间的技术溢出水平、技术学习和吸纳能力，灵活地改变界面的位置，增强界面交互作用的弹性空间，进而形成模式多样、层次丰富、领域宽广的联盟合作网络。例如，在校企合作育人过程中，行业企业通过改变流程中界面的位置，适当拉长在合作实践教育中的参与链条；通过界面的前移，让企业以第三方的身份进入高校的专业建设委员会，参与到校外实践教育的规划设计中，以提升顶层设计的行业性和应用性；通过界面的后置，参与到校外实践教育的管理评估中，有效激励企业导师的参与，将企业的指导意见及评估结果纳入评估标准中。通过校企联盟界面的融合与移动，实现要素的链接、交叉和迁移，并在此过程中实现技术价值取向的有效转化，可以使技

术和人力资源真正融入企业的文化和组织结构关系中。通过多种合作模式的不断融合与衍变，各个合作界面能够增加校企联盟成员间的信任，促进联盟成员间单纯追求经济利益的市场交换转化为追求综合效益的关系交换，进而努力消除因为双方的属性及价值取向差异造成的界面障碍，促进合作文化和契约文化在大学与企业之间的生成与发展，并成为维持组织关系的黏合剂。

处于经济社会转型过渡期内，市场经济体制运行尚未成熟，行业企业转型发展后劲儿不足，我国的高等教育体制也呈现出较为明显的"半计划半市场"的双轨制特征，政府在整个校企联盟合作过程中起着重要的统筹作用。作为一个松散型的联盟组织，在校企联盟向心力形成过程中，高校与行业企业双方、多个联盟成员之间存在着各种错综复杂的利益关系和交互作用。因此，可以发挥政府在政策导向和经费支持等方面的引导作用，以有效调控校企联盟向心力的方向，通过应用性重大科技项目和关键技术创新领域引导校企联盟构建具备前瞻性、一致性的战略协同目标，有效规避合作创新带来的投资和交易风险，打破校企双方僵持于固有边界、供需不对称的状况，打破区域内经济壁垒及虚拟经济和行业垄断对实体经济的压制。

（二）基于界面规则的协调机制的优化路径

在校企联盟过程中，界面主体的主观因素造成的界面障碍问题，需要通过一定的协调机制进行解决。界面规则即是处理组织间关系的各节点关系，解决界面各方在专业分工与协作需要之间的矛盾，实现组织间关系的整体控制、协作与沟通，提高组织间关系效能的制度性规则（罗珉，2006）。对于校企双方的合作来说，扁平化的组织结构不存在严格意义上的市场竞争关系和上下级科层关系，在校企联盟内部市场协调机制与科层式协调机制所起到的作用相对较为微弱。由此，界面规则就成为促进界面向心力和离心力趋于均衡，保证联盟内部有效运转的主要制度。

1. 基于信任机制建构和谐的界面作用关系

校企双方通过校企联盟界面规则的制定，对较为松散的联盟成员的角色定位、责任认定、利益协调等多个层面进行有效的规范和协调，以减少合作关系中的不可测风险和不确定因素，避免合作成员之间的投机行为，促进理性决策。尤其是要注重在界面规则演化过程中信任和承诺的渗透与传递，以实现界面规则的正向效应。在校企联盟合作初期，界面规则主要以市场规则、行业标准、正式规则等为框架建立的正式契约为主，以明确利益与责任归属，体现公平，达成共识。随着界面的形成，在界面主体的交互作用过程中，各种界面要素与界面环境之间呈现出动态性与复杂性并存的界面演进形态，合作机制确立初期的正式契约的适用性降低，进而产生在特定环境下联盟合作的相机决策与组织即兴行为。在这一演变过程中，伴随着校企联盟之间关系的深化，对组织价值观念的认同，对技术、信息、资源传递与学习机制的认同，对界面运作过程与环节的磨合，都会增强组织间的信任程度。基于组织间的信任，界面规则逐渐超越市场契约而演变为一种组织契约。当基于关系的交换的影响力超越市场交换的影响力时，界面规则逐渐内化为合作主体间的行动模式和固有惯性，形成心理契约。心理契约将组织间的信任与承诺内化为合作过程中的情感与认知约定，达到价值理念上的契合，进而有助于建构和谐稳定的界面相互作用关系。

2. 通过文化融合强化校企联盟界面运作的实效性

行业划转院校与行业企业的共生关系，使得两者之间的合作传统一直存在。行业划转院校在对行业发展趋势的观瞻，对行业生产规程的熟练把握，对工程实践问题和行业技术创新的专业钻研等方面的优势，使得校企联盟对于合作的战略目标、行为模式、未来期望等具有共同的认知与理解。因此，可以通过界面规则的形式将这种认知沉淀为一种双方共同遵循的制度规范，使得联盟成员通过协定关系获取独特的资源和信息，并在无形中形成排他性的准入壁垒和具有特质性的竞争优势。同时，在合作程度加深、双方界面融合深化的过程中，可以通过界面规则引导合作主体由关系嵌入到文化嵌入，将行业精神文化嵌入行业划转院校中，通过界面规则的自我复制或遗传机制使得这种认知因素不断延伸，形成组织间关系的路径依赖，并通过一定的路径依赖促使校企联盟合作过程实现良性循环与优化。

参 考 文 献

阿什比.1983.科技发达时代的大学教育.滕大春,滕大生译.北京：人民教育出版社.

埃兹科维茨.2005.三螺旋——大学·产业·政府三元一体的创新战略.周春彦译.上海：东方出版社.

奥斯特罗姆.2000.公共事物的治理之道.余逊达,陈旭东译.上海：上海三联书店.

别敦荣.2011.行业划转院校改革与发展的形势、任务和战略.阅江学刊,(1)：12-18.

伯顿·克拉克.2003.建立创业型大学：组织上转型的途径.王承绪译.北京：人民教育出版社.

陈汉聪,邹晓东.2011.发展中的创业型大学：国际视野与实施策略.比较教育研究,(9)：32-36.

陈慧青.2009.中国高校布局结构变革研究.厦门大学博士学位论文.

陈廷柱.2012.二维象限分析法及其在教育研究中的应用.教育研究与实验,(3)：55-59.

陈统奎.2005.复旦：又一次华丽转身.http://news.sohu.com/20050921/n227021310.shtml[2016-04-15].

陈运超,沈红.2001.浅论多校区大学管理.清华大学教育研究,(2)：111-118.

程勉中.2005.论高校的战略联盟.高教探索,(2)：47-49,84.

丹尼尔·若雷,赫伯特·谢尔曼.2006.从战略到变革——高校战略规划实施.周艳,赵炬明译.桂林：广西师范大学出版社.

董新伟.2012.行业划转院校面临的挑战及其发展战略选择——以辽宁行业划转院校为例.中国高教研究,(7)：76-80.

董志惠,沈红.2006.论中国大学战略联盟.教育发展研究,(3)：48-50.

杜德斯达.2005.21世纪的大学.刘彤主译.北京：北京大学出版社.

段昌伟,倪红卫.2006.高校开展校企科技合作的实践研究.科技进步与对策,(4)：155-156.

范如国,庄跃凯,施震.2001.技术创新系统的耗散特征及其非均衡扩散研究.科技进步与对策,(1)：115-116.

高树仁.2015.省部企共建行业划转院校：逻辑、价值与深化策略.现代教育管理,(4)：56-60.

葛继平，林莉，李正和．2011.行业划转院校发展战略研究．北京：科学出版社．

龚放．2008.试论现代大学的社会责任．北京大学教育评论，（2）：118-127.

官建成，靳平安．1995.企业经济学中的界面管理研究．经济理论与经济管理，（6）：67-69.

郭斌，陈劲，许庆瑞．1998.界面管理：企业创新管理的新趋向．科学学研究，（1）：60-67.

郭鑫．2011.世界一流大学战略联盟．北京：北京师范大学出版社．

国家中长期教育改革和发展规划纲要工作小组办公室．2010.国家中长期教育改革和发展规划纲要（2010—2020年）.http://old.moe.gov.cn/publicfiles/business/htmlfiles/moe/info_list/201407/xxgk_171904.html[2016-05-05].

国务院．1994.国务院关于《中国教育改革和发展纲要》的实施意见.http://old.moe.gov.cn//publicfiles/business/htmlfiles/moe/s6986/200407/2483.html[2016-04-20].

哈肯．1989.高等协同学．郭治安译．北京：科学出版社．

《河南理工大学史》编委会．2009.河南理工大学史（1909—2009）.北京：中华书局．

贺俊，黄阳华，沈云昌．2011.校企合作研发的最优制度安排．中国工业经济，（2）：151-160.

黑格尔．1980.小逻辑．贺麟译．北京：商务印书馆．

黄彬．2016.大学外部治理的法权逻辑与重构路径——基于"管办评分离"的政策视角．中国高教研究，（11）：41-45.

黄青．2016.产学研合作政策与高校知识创新链关系的研究．浙江理工大学硕士学位论文．

黄绍平，林友杰，唐勇奇，等．2011.电气工程师的知识能力要求．电力系统及其自动化学报，23（4）：148-152.

黄泰岩．1993.西方劳动力市场理论．生产力研究，（2）：18-23.

黄新华，于正伟．2010.新制度主义的制度分析范式：一个归纳性述评．财经问题研究，（3）：17-25.

胡海青，朱家德．2011.产学合作培养人才中的企业集体行动困境分析．高等工程教育研究，（1）：51-59.

蒋华林，邓绪琳．2016.创业型大学：高校引领支撑创新驱动发展战略实施的模式选择．高等工程教育研究，6：32-36.

焦磊，谢安邦．2012.国际化视域下大学联盟发展模式探究——以澳大利亚八校联盟为例．江苏高教，（4）：149-151.

教育部．1998.面向21世纪教育振兴行动计划.http://old.moe.gov.cn/publicfiles/business/htmlfiles/moe/s6986/200407/2487.html[2016-05-03].

教育部．2012.教育部关于全面提高高等教育质量的若干意见.http://old.moe.gov.cn/publicfiles/business/htmlfiles/moe/s6342/201301/xxgk_146673.html[2019-02-27].

教育部，中国工程院．2013.教育部中国工程院关于印发《卓越工程师教育培养计划通用标准》的通知．http://old.moe.gov.cn/publicfiles/business/htmlfiles/moe/s7915/201312/160923.

html[2015-03-15].

科斯，诺恩，威廉姆森，等．2003.制度、契约与组织．刘刚，冯建，杨其静，等译．北京：经济科学出版社．

科学技术部，国家经济贸易委员会．2001.科技部、国家经贸委关于推进行业科技工作的若干意见．http://www.most.gov.cn/fggw/zfwj/zfwj2001/200512/t20051214_55051.htm[2016-05-03].

李曼丽，何琦隽．2014.卓越工程师胜任素质模型研究——以电力行业某国家重大工程项目中的工程师为例．高等工程教育研究，（2）：18-28.

李培根．2011.工程师教育培养该何以卓越．中国高等教育，（6）：13-14.

李威，陈光德．2011.中外大学联盟的运作模式比较研究——基于社会联盟理论．现代教育科学，（11）：74-77.

李文冰，等．2015.中国行业特色院校发展研究．北京：中国社会科学出版社．

李轶芳．2010.地方行业特色型高校的困境与出路．中国高等教育，（9）：57-58.

李云梅．2009.基于战略联盟视角的校企合作发展研究．科技进步与对策，26（14）：8-10.

列宁．1957.哲学笔记．北京：人民出版社．

列宁．1972.列宁选集（第四卷）．北京：人民出版社．

林健．2010.工程师的分类与工程人才培养．清华大学教育研究，31（1）：51-60.

林杰．2004.制度分析与高等教育研究．北京师范大学学报（社会科学版），（6）：19-24.

林莉君．2012.行业特色型大学缘何"失色"．科技日报，2012-12-18（7）．

刘宝存．2004.大学理念的传统与变革．北京：教育科学出版社．

刘吉臻．2013.依托服务引领超越——高水平行业特色型大学发展定位的战略思考．大学（学术版），1：30-34.

刘茜．2003.中国跨入高教大众化发展阶段．光明日报，2003-02-21（3）．

刘献君．2005.论本科教学水平评估中的办学特色．高等教育研究，26（6）：40-43.

刘献君．2008.高等学校战略管理．北京：人民出版社．

刘献君．2010.教育研究方法高级讲座．武汉：华中科技大学出版社．

刘献君．2012a.论大学办学特色的创建．高等教育研究，33（1）：51-56.

刘献君．2012b.深入探讨高职院校的类特色．广州职业教育论坛，（3）：1-2.

刘献君．2013.经济社会发展转型与教学服务型大学建设．高等教育研究，34（8）：1-9.

刘献君．2015.如何认识高等教育中的若干重大关系．高等教育研究，36（7）：13-15.

刘献君．2016.教学服务型大学在实践探索中发展．高等教育研究，37（7）：1-7.

刘叶，邹晓东．2014.探寻创业型大学的"中国特色与演变路径"——基于国内三所研究型大学学术创业实践的考察．高等工程教育研究，（3）：45-46.

刘永芳，龚放．2012.创业型大学的生成机制、价值重构与途径选择．高等教育研究，（10）：

95-101.

刘振天 . 2014. 地方本科院校转型发展与高等教育认识论及方法论诉求 . 中国高教研究，（6）：
    11-17.

刘泽文，葛列众，牛玉柏，等 . 2009. 胜任力素质建模——人才选拔与考核实例分析 . 北京：
    科学出版社 .

梁顺霞 . 2011. 煤炭企业人力资源测评问题研究 . 中国矿业大学（北京）博士学位论文 .

廖娟，李小忠 . 2011. 美国工程师培养模式研究 . 中国高教研究，（2）：52-55.

罗福午 . 2000. 关于工程师的素质培养 . 高等工程教育研究，（2）：43-47.

罗红艳 . 2014. 我国公立大学治理政策变迁的制度逻辑——基于历史制度主义的分析 . 中国高
    教研究，（3）：16-21.

罗家才 . 2016. 教学服务型大学建设：转型战略与本土创新的结合——第二届"全国教学服务
    型大学建设"学术研讨会综述 . 高等教育研究，（6）：106-109.

罗珉，何长见 . 2006. 组织间关系：界面规则与治理机制 . 中国工业经济，（5）：87-95.

罗珉，任丽丽 . 2010. 组织间关系：界面规则的演进与内在机理研究 . 中国工业经济，（1）：
    84-93.

罗燕 . 2003. 教育的新制度主义分析：一种教育社会学理论和实践 . 清华大学教育研究，（6）：
    28-34.

罗志敏 . 2014. 我国大学治理的制度供给逻辑 . 教育发展研究，（5）：1-7.

马廷奇 . 2016. "双一流"建设与大学发展 . 国家教育行政学院学报，（9）：9-14.

迈尔，罗万，郑砚秋 . 2007. 教育中的新制度主义 . 北京大学教育评论，（1）：15-24.

彭纪生，吴林海 . 2000. 论技术协同创新模式及建构 . 研究与发展管理，（5）：12-15.

彭剑锋，荆小娟 . 2003. 员工素质模型设计 . 北京：中国人民大学出版社 .

乔治·凯勒 . 2005. 大学战略与规划：美国高等教育管理革命 . 别敦荣主译 . 青岛：中国海洋
    大学出版社 .

尚钢 . 2013. 教学服务型大学的战略思考与实践——以武汉纺织大学为例 . 学习月刊，（22）：
    64-65.

时勘 . 2009. 胜任特征模型理论和实践的探索 // 中国管理现代化研究会 . 第四届（2009）中国
    管理学年会——组织行为与人力资源管理分会场论文集：21.

史占中 . 2001. 企业战略联盟 . 上海：上海财经大学出版社 .

宋承祥 . 2004. 高校多校区办学现象透视 . 当代教育科学，（11）：24-26.

孙进 . 2011. 德国应用科学大学的办学特色——类型特色与院校特色分析 . 比较教育研究，
    （10）：66-70.

田正平，李江源 . 2002. 教育制度变迁与中国教育现代化进程 . 华东师范大学学报（教育科学版），（1）：39-51.

王重鸣，陈民科．2002．管理胜任力素质特征分析：结构方程模型检验．心理科学，25（5）：513-517.

王广斌，宗颖生．2003．蛛网理论与我国农产品流通市场建设．中国流通经济，（10）：21-25.

王洪才．2016．大学治理：理想·现实·未来．高等教育研究，（9）：1-7.

王沛民，顾建民，刘伟民．1994．工程教育基础：工程教育理念和实践的研究．杭州：浙江大学出版社．

王沛民，孔寒冰．2001．努力培养 21 世纪的中国工程师．中国工程科学，3（6）：19-24.

王鹏．2012．中国大学战略规划的有效性研究．华中科技大学博士学位论文．

王世斌，郏海霞，余建星，等．2011．高等工程教育改革的理念与实践——以麻省、伯克利、普渡、天大为例．高等工程教育研究，（1）：18-23.

王纾．2012．行业·大学的相互支撑与共同发展——第六届高水平行业特色型大学发展论坛年会在京举行．大学（学术版），12：96.

王雁，孔寒冰，王沛民．2003．创业型大学：研究型大学的挑战和机遇．高等教育研究，5：52-56.

王正青．2015．区域性大学联盟发展的 SWOT 分析．重庆大学学报（社会科学版），（4）：174-179.

吴建国．1980．中国逻辑思想史上类概念的发生、发展与逻辑科学的形成．中国社会科学，（2）：51-59.

吴建利．2005．关于高等教育者管理体制改革的思考．理论界，（5）：137-138.

吴越．2016．中国高校联盟运行机制研究．北京：人民出版社．

吴越，曾天山，周光礼．2012．中国高校联盟运行机制研究——基于多案例的分析．高等教育研究，（5）：95.

吴中平．2009．高校办学特色的内涵及构建研究．中国高教研究，（9）：65-66.

肖海涛，向春．2007．论大学特色的内涵与特征．中国大学教学，（2）：27-29.

熊璋，于黎明，徐平，等．2012．法国工程师学历教育认证指南．北京：科学出版社．

许慎．1994．说文解字．北京：中华书局．

阎昭武．2006．山东科技大学史（1951~2006）．青岛：中国海洋大学出版社．

严新平，张安富．2003．多校区大学的管理理念与模式探索．中国高教研究，（12）：47-49.

杨晨光．2009．行业背景：特色型高校最明显优势．中国教育报，2009-01-01（3）．

杨林玉，贾永堂，肖佳杰．2016．大众化以来我国高校大面积更名现象研究——基于双轨制的视角．高等工程教育研究，（3）：63-68.

叶至善．1986．为了达到不需要教——关于语文教学的一些想法．天津教育，（1）：29-32.

易高峰．2011．崛起中的创业型大学：基于研究型大学模式变革的视角．上海：上海交通大学出版社．

余寿文，王孙禺．2004.中国高等工程教育与工程师的培养．清华大学教育研究，25（3）：1-6.

袁志彬．2017.以企业为核心的产学研合作模式．高科技与产业化，（6）：25-29.

曾珠，王斌．2014.供货商质量工程师胜任力影响因子研究．江西社会科学，（5）：238-242.

张海滨．2012.激励相容视角下的大学内部治理．教育发展研究，（1）：75-79.

张婕．2010.地方高校发展：现实与理想．武汉：华中师范大学出版社．

张维久，江山．1997.论类概念的逻辑合理性——从费尔巴哈到马克思．吉林大学社会科学学报，（3）：32-39.

张文焕，刘光霞，苏连义．1990.控制论·信息论·系统论与现代管理．北京：北京出版社．

章琰．2008.大学技术转移——界面移动与模式选择．北京：北京大学出版社．

赵春明．2003.企业战略管理——理论与实践．北京：人民出版社．

赵庆年，祁晓．2012.研究型大学的基本职责．高教探索，5：5-10

赵文彬．2009.从高校管理体制改革看中国高等教育的制度变迁．教育与职业，（5）：7-9.

赵西萍，周密，李剑，等．2007.软件工程师潜在胜任力特征实证研究．科研管理，28（5）：110-115.

中共中央．1993.中共中央关于建立社会主义市场经济体制若干问题的决定.http://www.people.com.cn/GB/shizheng/252/5089/5106/20010430/456592.html[2016-05-01].

中共中央，国务院．1993.中国教育改革和发展纲要.http://www.moe.gov.cn/jyb_sjzl/moe_177/tnull_2484.html[2019-02-25].

《中国煤炭高等教育史》编写组．2001.中国煤炭高等教育史．徐州：中国矿业大学出版社．

周大平．2003.谁来培养中国的工程师 我国工科教育改革亟待提速.http://news.sina.com.cn/c/2003-09-05/1234696983s.shtml[2015-08-15].

周雪光．2003.组织社会学十讲．北京：社会科学文献出版社．

周远清．2001.高等教育体制的重大改革与创新．中国高等教育，（1）：1-8.

朱启超，陈英武，匡兴华．2005.复杂项目界面风险管理模型研究．科研管理，26（6）：149-156.

朱秋白．2005.中国高等教育的两类供求及其均衡模式与政策选择．高等教育研究，（9）：62-68.

邹放鸣，丁清，蔡世华，等．2009.中国矿业大学史（1909~2009）．徐州:中国矿业大学出版社．

邹晓东，陈汉聪．2011.创业型大学：概念内涵、组织特征与实践路径．高等工程教育研究，3：54-59.

左兵．2006.西部地方高校学科建设的制度分析．华中科技大学硕士学位论文．

Spencer L M, Spencer S M. 2003. 才能评鉴法：建立卓越的绩效模式．魏梅金译．汕头：汕头大学出版社．

ABET. 2009. Criteria for accrediting engineering programs, effective for evaluations during the

2009-2010 accreditation. http：//www.abet.org/accreditation/accreditation-criteria/criteria-for-accrediting-applied-science-programs-2009-2010/[2015-05-15].

Boam R，Sparrow P. 1992. *Designing and Achieving Competency：A Competency-Based Approach to Developing People and Organization*. London：McGraw-Hill Book Company.

Boyatzis R E. 1982. *The Competent Manager：A Model for Effective Performance*. New York：John Wiley & Sons, Inc.

Chaffee E E. 1985. Three models of strategy. *Academy of Management Review*，10（1）：89-98.

Cummings W K. 1998. The service university in comparative perspective. *Higher Education*,35(1)：1-8.

Duncan W R. 1992. A competency model for the project managers of technical projects. *Proceedings of SPIE*，1617：230-236.

EA.2005. National competency standards for professional engineers. http://www.engineersaustralia. org.au/about-us/program-accreditation[2015-05-17].

ENAEE. 2008. Standards and guidelines for accreditation of engineering programmes. http://www. enaee.eu/accredited-engineering-courses-html/engineering-schools/accredited-engineering-programs/[2015-05-17].

ESCA. 2000. Policies and standards. https://www.ecsa.co.za/education/SitePages/Policies%20 and%20Standards.aspx[2015-05-13].

Etzkowitz H. 2016. The entrepreneurial university：Vision and metrics. *Industry & Higher Education*，30（2）：83-97.

Etzkowitz H，Ranga M，Benner M，et al. 2008. Pathways to the entrepreneurial university：Towards a global convergence. *Science and Public Policy*，35（9）：681-695.

Gloor P A. 2005. *Swarm Creativity：Competitive Advantage Through Collaborative Innovation Networks*. New York：Oxford University Press.

Greif A，Laitin D D. 2004. A theory of endogenous institutional change. *American Political Science Review*，98（4）：633-652.

Hazim S，El-Baz H S，Sameh M，et al .2010. Competency domain model and the perception of engineering managers in the United Arab Emirates. *Engineering Management Journal*，22（1）：3-11.

Hoffman T. 1999. The meanings of competency. *Journal of European Training*，22（6）：275-285.

Jongbloed B. 2015. Universities as hybrid organizations trends，drivers，and challenges for the European university. *International Studies of Management & Organization*，45：207-225.

Kudngaongarm P，Sujivorakul C. 2012. Competencies framework for civil engineer in Thailand. *Research Journal of Applied Sciences，Engineering and Technology*，4（4）：377-382.

Lang D W. 2002. A lexicon of inter-institutional cooperation. *Higher Education*，44（1）：153-183.

Lee S Y，Olszewskikubilius P，Donahue R，et al. 2008.A service-learning program for academically gifted youth. *Journal of Advanced Academics*，19（2）：273.

Leiper Q，Kan T.1999. A competency-based system foe assessment，training and development of engineers. *Civil Engineering*，132（4）：151-155.

Male S A，Bush M B，Chapman E S. 2011. An Australian study of generic competencies required by engineer. *European Journal of Engineering Education*，36（2）：151-163.

Marsh D，Stoker G. 1995. *Theory and Methods in Political Science*（2nd Ed.）. New York：Pal Garve Macmillan.

Marsili O. 2001. *The Anatomy and Evolution of Industries：Technological Change and Industry Dynamics*. MA：Edward Elgar.

McClelland D C. 1973. Testing for competence rather than for"intelligence". *American Psychologist*，（28）：1-14.

Messah O B，Mucai P G. 2011. Factors affecting the implementation of strategic plans in government tertiary institutions：A survey of selected technical training institutes. *European Journal of Business and Management*，（3）：85-105.

Nguyen D Q. 1998. The essential skills and attributes of an engineer：A comparative study of academics，industry personnel and engineering students. *Global Journal of Engineering Education*，2（1）：65-76.

OECD. 2005. The definition and selection of key competencies：Executive summary. https://www.pisa.oecd.org/dataoecd/47/61/35070367.pdf[2015-05-20].

Plonka F，Hillman J，Clarke M，et al. 1994. Competency Requirements in the Greenfield Paradigm：The Manufacturing Engineer of the 21st Century. Proceedings of 1994 IEEE Frontiers in Education：692-696.

Porter M E. 1996. What is strategy? *Harvard Business Review*，74（6）：61-78.

Quinn J B. 1981. Strategies for change：Logical incrementalism. *Academy of Management Review*，（2）：324-325.

Robinson M A，Sparrow P R，Clegg C，et al. 2005. Design engineering competencies：Future requirements and predicted changes in the forthcoming decade. *Design Studies*，26（2）：123-153.

Ro H K，Dan M，Lattuca L R，et al. 2015. Validity of the contextual competence scale for engineering students. *Journal of Engineering Education*，104（1）：35-54.

Rothwell R. 1992. Successful industrial innovation：Critical factors for the 1990s. *R&D Management*，22（3）：221-240.

Scott W R. 2001. *Institutions and Organizations*（2nd ed.）. London：Stage Publications Inc.

Spencer L M, McClelland D C, Spencer S M. 1994. *Competence Assessment Methods : History and State of the Art*. Boston : Hay McBer Research.

Spencer L M, Spencer S M. 1993. *Competence at Work : Models for Superior Performance*. New York : John Wiley & Sons, Inc.

Spinks N, Silburn N, Birchall D, et al. 2006. Educating engineers for the 21st century : The industry view. http://www.raeng.org.uk/RAE/media/General/News/Documents/20060329-Henley-Report.pdf[2015-03-17].

Styhre A, Lind F. 2010. Balancing centripetal and centrifu-gal forces in the entrepreneurial uinversity: Study of 10 rensearch centresina techenical university. *Technology Analysis & Strategic Management*, 8 : 923.

Turley R T, Bieman J M. 1995. Competencies of exceptional and nonexceptional software engineers. *Journal of Systems and Software*, (28) : 19-38.

UNESCO. 2015. *Rethinking Education : Towards a Global Common Good?* Paris : UNESCO Publishing.

Valk T V D, Gljsbers G. 2010. The use of social network analysis in innovation studies : Mapping actors and technologies. *Innovation : Management, Policy & Practice*, 12 (1) : 5-17.

Vazirani N. 2010. Competencies and competency model—A brief overview of its development and application. *SIES Journal of Management*, 7 (1) : 121-131.

Vught F A V, Kaiser F, File J M, et al. 2010. U-Map : The European classification of higher education institution. http://www.u-map.eu/U-MAP_report.pdf [2016-10-15].

Woollacott L C. 2009. Validating the CDIO syllabus for engineering education using the taxonomy of engineering competencies. *European Journal of Engineering Education*, 34 (6) : 545-559.